# ZODIAQUE ET GASTRONOMIE

# POISSONS

**Claude Bitran**
**Minouche Pastier**

avec la collaboration de
France Binard,
Aglaé Blin,
Hélène de Panafieu

**Illustrations de**
Françoise Botkine
et
Marie-José Doutre

D1138616

CIL

# SOMMAIRE

© 1987 Compagnie Internationale du Livre, Paris

Maquette et secrétariat d'édition : Filigrane
Dépôt légal : mai 1987
N° d'éditeur 388 — ISBN 2-7318-0240-5

Photocomposition : PFC, Dole
Imprimé par Gruppo Editoriale Fabbri S.p.a., Milano

# *Avertissement*

**D**is-moi ce que tu manges, je te dirai qui tu es. Dis-moi ce que tu cuisines, je te dirai comment tu vis. Depuis les temps les plus anciens, l'astrologie a divisé les hommes en douze grandes familles. A chacune correspond une partie du corps, une façon d'être et de réagir devant les événements et devant les autres.

Notre nourriture, la façon dont nous la préparons, nos goûts et nos dégoûts, comme le décor de notre maison, la manière dont nous recevons, le genre de repas que nous aimons, les cadeaux qui nous font plaisir ou les plantes qui nous sont bénéfiques, tout cela dessine notre personnalité.

Chaque signe a ses points faibles, ses points forts et ses grandes tendances. Nombreux sont les spécialistes qui les ont étudiés. Dans les petits livres de cette collection, nous avons fait une synthèse qui vous permettra de mieux vous nourrir selon votre signe ou de mieux connaître ce qui est bon pour une personne qui vous intéresse.

**C**e livre est consacré aux Poissons. Vous y trouverez les principales caractéristiques plus ou moins marquées des gens nés sous ce signe et les grandes tendances de leur personnalité qui se sera développée ou se développera en fonction de leur milieu, de leur pays, de leur volonté et des autres données astrologiques de leur thème. Car les règles de l'astrologie sont assez complexes. En plus du signe de naissance, d'autres éléments interviennent qui ne sont pas à négliger. Votre ascendant, c'est-à-dire le point qui se trouve à l'est de votre thème, détermine, en grande partie, votre tempérament. Il en va de même de l'angle que certaines planètes forment entre elles dans votre ciel de nais-

sance ou de plusieurs autres données, comme par exemple, la position de la lune ou la conjonction de plusieurs planètes dans un même signe. Pour connaître avec exactitude la place où se trouvaient les planètes au jour, à l'heure et dans le lieu de votre naissance, vous pouvez faire appel à un astrologue. Il existe aussi des ordinateurs perfectionnés qui font ces calculs. Et puis, êtes-vous sûr que vous êtes Poissons ? On appartient à un signe lorsque le soleil s'y trouve au jour et à l'heure de la naissance. Un cercle de 360°, dont le soleil fait le tour en un an, est divisé en douze arcs de 30° correspondant chacun à un signe. Dans sa course, le soleil passe, tous les ans, à un moment donné dans chaque signe. Mais l'année compte 365 jours, il y a donc un décalage qui fait que le soleil ne se trouve pas dans chacun des signes tous les ans exactement à la même date. La différence est minime et ne concerne que ceux qui sont nés à des dates limites. Par exemple le soleil peut, une année, entrer en Poissons le 17 février et y rester jusqu'au 18 mars et, deux ans plus tard, il peut y entrer le 21 février et y rester jusqu'au 19 mars. De sorte que pour ceux qui sont nés aux frontières des signes, il est nécessaire de savoir précisément à quelle date le soleil est entré dans leur signe l'année où ils sont nés, à quelle heure et en quel lieu, car, à un jour près, ils seront Verseau, ou Poissons, ou Bélier...
Un coup d'œil sur le volume consacré à cet autre signe suffira certainement à vous éclairer et, en consultant celui qui correspond à votre ascendant, vous compléterez ces données.

*E*n nous basant sur les grandes lignes de l'astrologie nous avons cherché à tracer le schéma d'un certain art de vivre pour les natifs d'un signe ou avec eux.

# L'ART DE VIVRE

# LA MAISON POISSONS

**P**oissons que vous êtes mystérieux ! On ne sait jamais très bien ce que vous voulez... vous-même le savez-vous ?

**D**ouzième et dernier signe, vous occupez dans le zodiaque une position charnière. C'est la fin du cycle qui annoncera le renouveau : l'hiver de la fonte des neiges fera place au printemps. Neptune, votre planète, envoie dans votre signe d'eau de grandes lames de fond, mais, tout en souplesse, vous réussissez votre évasion. On dit que vous nagez entre deux eaux, que vous êtes fuyant, changeant. On oublie que vous êtes un signe double, sensible au flux et au reflux, et que vous symbolisez, ce qui n'est pas facile tous les jours, le dépassement de l'homme. Comment donc auriez-vous vraiment les pieds sur terre ?

**P**artout chez vous et partout étranger, vous n'avez pas réellement choisi votre

*la maison*

maison. Elle est située où le hasard, qui tient tant de place dans votre vie, l'a décidé. A part les endroits sombres, humides ou bruyants, que vous ne supportez pas, le reste vous laisse assez indifférent. « On ne fait que passer, dites-vous, alors, là ou ailleurs. »
A la vérité, votre idéal est impossible. Ce dont vous rêvez, c'est d'une île déserte au milieu de la ville, avec un jardin sauvage et fleuri cachant une villa romaine. Tout de plain-pied, de vastes pièces grandement ouvertes sur un patio abritant une piscine et des jets d'eau...
Mais c'est le désir de tout le monde, pensez-vous. Détrompez-vous, les autres rêvent d'un château, d'un appartement de grand standing ou d'une maison de style Mansart quand ce n'est pas d'annexer le logement du voisin ou de construire une véranda. Il n'y a que les Poissons pour avoir des désirs aussi chimériques.

**D**ans la réalité, votre maison vous ressemble. Pas de parti pris du genre tout moderne ou tout ancien, tout blanc ou tout polychrome. Chez vous, c'est l'atmosphère qui compte. Pas de mise en scène, vous n'en avez que faire. Vous aimez les grandes pièces, la libre circulation, vous détestez les angles. Les tables sont rondes ou ovales, les buffets arrondis et il y a beaucoup de divans et de coussins.
Pas maniaque du tout et assez peu organisé, on aurait chez vous l'impression de fouillis, s'il n'y avait votre sens inné du raffinement. Tout est nuance et harmonie : tissus aux imprimés très doux, indiennes ou camaïeux, papier

*la maison*

genre japonais aux teintes passées du rafia, tapis gris ou légèrement bleutés. Vous avez réalisé un décor de peinture impressionniste. Et si vous aimez les grandes fenêtres c'est afin de les habiller de rideaux ou de stores pour mieux jouer avec la lumière. L'éclairage est important. Abat-jour, projecteurs, lampes hallogènes, vous avez tout essayé.

La salle à manger sera intime. Peut-être entièrement tapissée de tissus avec, au sol, une moquette assortie. Vous aimeriez bien une table ovale en marbre gris avec un pied central et des chaises anciennes. En tous cas les ensembles vous ennuient. Tout comme les idées reçues « On ne met pas de bibliothèque dans une salle à manger. » Eh bien, vous êtes très capable justement d'en avoir une, garnissant de livres des étagères que d'autres auraient décorées d'assiettes anciennes et de bibelots.

Sur la table, vous mettez rarement une nappe, vous aimez le sentiment de la matière, qu'on puisse la voir et la toucher. De plus, le linge de table ne vous intéresse pas (surtout, jamais de matières synthétiques, vous ne supportez pas leur contact). Ce que vous préférez : le couvert mis à même la table et des serviettes de lin naturel sans aucune fioriture ou bien, comme dans les hôtels anciens, de grandes serviettes de coton blanc damassé. Chez vous, peut-être sont-elles devenues bleues : vous aimez beaucoup teindre et il arrive que vous fassiez de grandes bassines de teinture où vous plongez tout ce qui vous tombe sous la main.

Les assiettes, vous les aimez grandes et simples et peu importe que les couverts soient modernes ou anciens pourvu qu'ils soient pratiques. Peu sensible à l'argenterie, vous voulez bien de l'acier à la dernière mode, mais il faut que « les fourchettes prennent quelque chose et que les couteaux coupent ». En revanche, vous choisissez les verres avec plus de soin. Des verres qu'on a bien en main ; plutôt gros et avec un pied. De grands verres « bistrot » par exemple.

Au milieu de la table, vous aimez qu'il y ait des fleurs. Pas de grands bouquets compliqués, quelques fleurs de saison coupées très court ou, pourquoi pas, un petit coussin de fleurs séchées dans tous les tons de bleu.

La cuisine, chez vous, pose un problème. Vous avez tellement dépensé pour la salle de bains que vous l'avez un peu négligée remettant à demain... ce qui en langage Poissons signifie souvent jamais.

Mais en admettant que vous l'ayez installée selon vos désirs, à quoi ressemble-t-elle ? Très claire, elle est équipée de tout le nécessaire. Vous n'avez pas un grand sens pratique et les petites choses de la vie vous indiffèrent, quand elles ne vous exaspèrent pas. Mais, quand vous y êtes obligé... vous trouvez une bonne âme qui s'en occupe pour vous. Vous ne lisez pas les journaux de consommateurs, vous n'avez pas l'idée d'aller chercher vous-même un congélateur dans un entrepôt lointain. Vous êtes celui, ou celle, qui entre dans le magasin du coin et à qui le

*la maison*

vendeur astucieux refile une machine de l'année dernière. Vous le savez si bien que, confronté à ces problèmes, vous téléphonez à une gentille Balance ou à une Vierge de vos relations qui est, bien sûr, au courant de tout et adore rendre service.

On vous choisira des machines robustes car vous n'avez aucun sens de la mécanique. Il faut que vous puissiez appuyer sur un bouton et que tout marche tout seul. Vous aimez simplifier au maximum pour consacrer le moins de temps possible aux tâches ménagères. Vous avez tant de choses plus intéressantes à faire ! Et, comme vous manquez d'organisation, vous y passez souvent plus de temps que les autres pour un résultat qui n'est pas toujours concluant...

Mais, surtout, que personne ne s'avise de vouloir mettre de l'ordre dans vos placards ! Du moment que vous vous y retrouvez, c'est l'essentiel.

Et, si vous gagniez de la place, vous acheteriez peut-être de nouvelles choses (inutiles pensez-vous) et qu'il faudrait aussi ranger !

# L'INVITÉ
# POISSONS

L'invité Poissons est charmeur.
Il aime sortir, il s'intéresse aux autres
et il a besoin d'une atmosphère propice
pour évoluer à son aise.
Aucun signe ne détermine des sujets
aussi différents ; comme si le monde
marin, de l'anguille au phoque, était
transposé sur la terre. Mais, tous ont
un point commun : ils ont du charme.

Vous l'avez invité, mais d'abord
comment avez-vous fait pour connaître
son signe ?
Vous n'êtes pas très versé en astrologie,
vous n'avez pas su reconnaître en
Madame ou Monsieur Poissons l'être
énigmatique et quelque peu brouillon
qui voit trop loin pour bien voir de près,
qui n'a jamais un geste brusque et garde
jusque dans ses colères une certaine
souplesse ondoyante... N'en soyez pas
surpris, les Poissons sont difficiles à

*l'invité*

découvrir car ils prennent souvent le déguisement des autres signes présents dans leur thème astral.

Pour qu'ils se dévoilent, parlez de vous. Très à l'aise dans tout ce qui comporte une part de mystère, les Poissons connaissent leur signe, leur ascendant et le reste. S'ils n'ont pas encore consulté un astrologue, c'est qu'ils craignent ses révélations : ils y croient trop.

**D**onc, c'est un Poissons. Comment l'inviter ?

Mais avec souplesse. Ne le placez jamais devant l'obligation de dire non, il a horreur de ça. Demandez-lui s'il a une soirée libre dans les jours prochains. Et, s'il a justement trop de rendez-vous ou de travail, n'insistez pas. Il dirait oui et se décommanderait à la dernière minute. Il a, pour tout ce qu'il ne veut pas faire, une faculté d'oubli naturelle qui énerve ses proches et risque de lui créer des inimitiés.

S'il accepte votre invitation, fixant lui-même une date, envoyez-lui, après lui avoir téléphoné, une petite carte pour confirmation, il pourrait venir la veille ou le lendemain !

Précisez l'heure, mais attendez-vous aussi à ce qu'il arrive très en retard avec un ravissant bouquet de fleurs et un compliment qui vous ira droit au cœur.

**A**verti des choses de son signe, vous l'aurez invité une bonne heure avant les autres !

Il ne faut pas lui ôter le plaisir d'un long apéritif. Vers le soir, le Poissons aime à se détendre en buvant des long-drinks. Mettez beaucoup de Perrier dans son

*l'invité*

whisky et de Schweppes dans son gin, il ne s'en plaindra pas, il en prendra plusieurs. Il n'apprécie pas tellement les petites choses à grignoter. A la place des cacahuètes, offrez-lui plutôt des feuilletés chauds au roquefort ou des pruneaux roulés dans du bacon.

**A** table, ne mettez pas les petits plats dans les grands. Les Poissons sont gourmands mais, quand ils sont chez des amis, ils s'intéressent plus à ceux qu'ils rencontrent qu'à ce qu'il y a dans leur assiette.

Ils aiment voir ce qu'ils mangent. Offrez-leur de bonnes viandes rôties ou grillées ou des poissons, mais que la sauce soit à part.

Donnez-leur le choix entre un vin blanc frais et fruité, du sancerre, par exemple, et un rouge léger, du beaujolais de l'année ou du côtes-du-rhône. Ils redoutent les vins trop lourds car ils vident souvent leur verre.

**P** our plaire à un Poissons, qui avez-vous invité avec lui ?

Surtout des femmes si c'est un homme. Sans être un conquérant, il est plus à l'aise dans un univers féminin. Si votre invitée est une dame Poissons, choisissez-lui des voisins, hommes ou femmes, assez mystérieux pour qu'elle se sente parmi les siens.

**P** lacez-les, lui comme elle, à côté d'un Cancer, poétique, d'un Verseau, imaginatif ou d'un Scorpion, sorcier.

Évitez le Taureau et la Vierge, trop terre à terre, ou le voisinage d'autres Poissons avec qui la conversation partirait rapidement à la dérive.

Les Bélier peuvent les subjuguer ou les agacer, c'est un risque à prendre, quant aux Capricorne, dans leurs théories en apparence sans faille, les Poissons trouvent la brèche par où faire entrer l'imaginaire.

Pour les distraire, entourez-les de Balance et de Gémeaux ; pour qu'ils s'enthousiasment, placez-les auprès de Sagittaire. Enfin sachez que parmi les Lion, les Poissons se croiront toujours au cinéma — pourquoi pas. C'est leur spectacle favori.

# GAMBAS ANASTASIA

## Pour 4 Personnes

- □ 16 gambas cuites
- □ 1 œuf
- □ 1 cuil. à soupe de moutarde
- □ 1 verre de vodka poivrée
- □ 1 pamplemousse rose
- □ 1 verre d'huile
- □ 1 salade feuille de chêne
- □ sel, poivre

■ Décortiquez les gambas. Gardez la valeur de deux carapaces et l'intérieur des têtes que vous mixerez en pâte ■ Dans le bol du mixer, mettez l'œuf, la moutarde, du sel et du poivre ■ Mixez tous ces éléments avant d'y ajouter peu à peu l'huile en continuant de mixer, ajoutez en dernier la vodka et la pâte faite avec les carapaces et l'intérieur des têtes ■ Lavez et essorez la salade. Pelez à vif les quartiers de pamplemousse ■ Disposez sur un plat les gambas posées chacune sur une feuille de salade et décorées d'un peu de mayonnaise. Intercalez entre elles les quartiers de pamplemousse ■ Servez bien frais.

## CÔTE DE BŒUF DES PALUDIERS

### Pour 4 Personnes

- ☐ 1 côte de bœuf de 1,400 kg
- ☐ 2 kg de gros sel marin
- ☐ 250 g de potiron
- ☐ 50 g de farine
- ☐ 2 œufs
- ☐ 1 blanc d'œuf légèrement battu
- ☐ 1 cuil. à soupe de crème
- ☐ 4 cuil. à soupe d'huile
- ☐ sel, poivre

■ Dans un plat allant au four, étalez une couche de gros sel de 3 cm d'épaisseur ■ Posez la côte de bœuf enduite du blanc d'œuf sur ce lit de sel et recouvrez-la du reste de sel ■ Cuisez à four chaud (230°, th. 8) 50 mn ■ Pelez le potiron, débarrassez-le des graines et des filaments. Coupez-le en gros dés et cuisez-les 20 mn à l'eau bouillante salée. Égouttez-les ■ Mettez le potiron dans le bol du mixer avec les œufs, la farine, la crème, sel et poivre. Mixez pour obtenir une pâte onctueuse et versez-la dans un saladier ■ Chauffez 1 cuil. à soupe d'huile dans une poêle. Faites glisser dans l'huile chaude, 4 cuil. à soupe de pâte assez espacées afin que les crêpes puissent se former ■ Cuisez-les à feu moyen 2 mn de chaque côté. Posez-les au fur et à mesure sur du papier absorbant et tenez-les au chaud. Procédez de même avec le reste de pâte ■ Cassez la croûte de sel, débarrassez la côte du sel. Coupez-la en tranches ■ Servez-la accompagnée des crêpes de potiron.

*l'invite*

# TARTE DU CHANOINE

## Pour 4 Personnes

- ☐ 750 g de cassis
- ☐ 250 g de sucre en poudre + 1 cuil. à soupe
- ☐ 1 cuil. à soupe de grosse semoule
- ☐ 1 verre de crème de cassis
- ☐ 250 g de farine
- ☐ 125 g de beurre ramolli
- ☐ 1 œuf
- ☐ 1 cuil. à soupe de crème fraîche épaisse
- ☐ 2 cuil. à soupe de crème fleurette
- ☐ 1 pincée de sel

■ Lavez et égrenez les cassis. Cuisez-les 5 mn en y ajoutant 3 cuil. à soupe d'eau ■ Filtrez le jus, mettez-le à cuire 15 mn en y ajoutant 250 g de sucre. Laissez refroidir ce sirop ■ Pendant ce temps, mélangez rapidement la farine avec le beurre, la cuil. de sucre, l'œuf, la crème épaisse et le sel ■ Roulez la pâte en boule et laissez-la reposer 1 h au frais ■ Étalez-la au rouleau et tapissez-en un moule à tarte beurré et fariné ■ Saupoudrez le fond avec la semoule avant d'y verser le sirop de cassis ■ Cuisez à four chaud (210°, th. 7) 30 mn. Laissez refroidir la tarte ■ Au moment de servir, battez la crème fleurette en chantilly avec un glaçon, mélangez-la avec la crème de cassis et versez sur la tarte.

# LE COPAIN POISSONS

**P**oissons-copain, vous êtes imprévisible. Aimable, souriant, vous nagez parmi une foule d'amis. Votre réputation de sociabilité n'est plus à faire et pourtant...

**P**ourtant, vous qui redoutez la solitude comme une disgrâce, vous ne rêvez que d'île déserte.

En réalité, vous n'êtes jamais tout à fait heureux d'être là où vous vous trouvez. Attablé dans un restaurant sympathique avec des amis que vous aimez bien, vous pensez soudain que vous avez chez vous un bon livre, un disque que vous avez envie de réentendre ou que, pour une fois, il y a une émission valable à la télévision...

L'exploit vous ennuie et vous méprisez la compétition qui, forcément, pensez-vous, humilie le perdant. Plutôt indolent, ce n'est pas vous qui prendrez des initiatives du genre : « Allons tous grimper sur la montagne. »

*le copain*

Ce que vous aimez, c'est flâner, aller à la découverte, et : « Qui m'aime me suive » — pas trop vite s'il vous plaît.

Tout ce qui est prévu, organisé vous pèse. Si vous savez le vendredi ce que vous ferez le dimanche, vous avez toute une longue journée, le samedi, pour avoir envie de faire autre chose. Les copains qui arrivent à l'improviste vous font plaisir. Vous êtes sincèrement heureux de les voir et soulagé : ils ne peuvent s'attendre à une réception en règle, ouf ! Car vous redoutez d'avoir à préparer de vrais repas. Vous en faites toute une montagne, changeant dix fois d'idées pour les hors-d'œuvre. Et quand vous êtes décidé, c'est le plat qui ne va plus et puis « dans le dessert, il y a aussi des œufs ». Donc vous repartez : « Par quoi pourrions-nous commencer ?... » Mais quand, à la dernière minute, vous improvisez, tout vous semble facile. Que vous soyez huit ou dix, qu'importe, il y a bien des spaghettis, quelques restes et des boîtes. Votre imagination fait le reste. Vous offrez à boire aux copains, vous mettez de la musique, et déjà le déjeuner est servi. Et en plus il est bon. Vous faites la cuisine, comme tout dans votre vie, avec de la délicatesse et du sentiment !

L'après-midi, vous pouvez le passer tout entier à regarder des vieux films. Le cinéma est votre passion et, si vous avez acheté un magnétoscope, c'est pour voir et revoir notamment *l'Inconnue du Nord-Express* ou *la Splendeur des Amberson*.
Vers le soir, vous sortirez peut-être les

*le copain*

cartes. Tous les jeux de hasard fascinent les Poissons. Au bridge, trop scientifique, ils préfèrent le poker et, ne voyant pas le temps passer, ils peuvent y jouer jusqu'à l'aube, oubliant de dîner, grignotant quelques sandwichs et buvant force bières.

A moins que, au lieu de cartes, vous n'ayez sorti un instrument de musique. Votre guitare, peut-être.

Doués, les Poissons sont souvent de bons musiciens amateurs ou des peintres, ou des photographes.

Plus rarement des écrivains : ils ont trop de facilité pour jongler avec les mots dans leur conversation, la page blanche les réduit au silence.

Ainsi, des jours hors du temps peuvent s'écouler pour les Poissons. Ils oublient de manger, ils oublient aussi de sortir. Pourtant, ils ont besoin d'air et de brise marine.

Pour les tenter on leur proposera une promenade sur la plage ou au bord d'une rivière.

Bons marcheurs, ils peuvent faire des kilomètres pour découvrir la source d'un fleuve ou un lac turquoise dans les montagnes.

Ils emportent un pique-nique et une bouteille de vin qu'ils mettent à rafraîchir dans l'eau au bout d'une ficelle. Pas bricoleurs à la maison, les Poissons, mais gentils scouts quand ils sont dans la nature avec des copains.

# LE COUSCOUS
# ET SES QUATRE VIANDES

### Pour 8 Personnes

- □ 1 kg de couscous
- □ 500 g d'épaule d'agneau en morceaux
- □ 500 g de macreuse en morceaux
- □ 500 g de potiron
- □ 4 oignons
- □ 1 poivron
- □ 4 carottes
- □ 4 navets
- □ 2 aubergines
- □ 2 courgettes
- □ 4 tomates
- □ la queue d'un artichaut
- □ 1 boîte d'1/2 de pois chiches
- □ 1 pot de sauce harissa
- □ 8 cuil. à soupe d'huile d'olive
- □ sel, poivre

■ Épluchez tous les légumes, coupez-les en morceaux. Pelez et hachez les oignons ■ Chauffez 6 cuil. à soupe d'huile dans la partie basse du couscoussier, faites-y revenir le hachis d'oignons puis ajoutez les carottes, les navets, le poivron, les aubergines, la queue de l'artichaut, salez, poivrez ■ Dès que ces légumes seront bien revenus, ajoutez les viandes, couvrez et cuisez 1 h 30 avant d'ajouter les autres légumes. Poursuivez la cuisson 30 mn ■ Pendant ce temps, humidifiez le couscous avec un verre d'eau froide salée. Ajoutez le reste d'huile et aérez les grains. Laissez reposer 15 mn et mettez le couscous dans la partie haute du couscoussier, posez-la au-dessus du bouillon et cuisez à couvert 30 mn.

*le copain*

## BROCHETTES MESSAOUDA

### Pour 8 Personnes

- □ 6 tranches de gigot d'agneau
- □ 2 oignons
- □ 1 bouquet de coriandre
- □ 1/2 cuil. à café de sauce harissa
- □ 6 cuil. à soupe d'huile d'olive
- □ sel, poivre

■ Lavez, épongez et hachez la coriandre. Pelez les oignons, émincez-les. Coupez les tranches de gigot en dés. Délayez la sauce harissa dans l'huile ■ Dans un plat creux, mettez les dés de gigot, la coriandre hachée, les oignons émincés, ainsi que du poivre et du sel. Recouvrez avec l'huile et laissez mariner 1 h ■ Enfilez les dés de gigot sur des brochettes et cuisez-les sur un gril bien chaud 1 ou 2 mn chaque côté, selon vos goûts.

# BOULETTES DE SFAX

## Pour 8 Personnes

- □ 1 kg de bœuf haché
- □ 1 artichaut avec sa queue
- □ 1 petit navet
- □ 2 œufs
- □ 1 tronçon d'aubergine de 4 cm
- □ 1 tronçon de courgette de 4 cm
- □ 2 cuil. à soupe de persil haché
- □ 1/2 cuil. à café de cumin en poudre
- □ sel, poivre du moulin

■ Coupez les feuilles de l'artichaut près du cœur. Pelez le navet, coupez-le en quartiers. Coupez la courgette et l'aubergine en rondelles sans les peler ■ Cuisez tous ces légumes 15 mn à l'eau bouillante salée. Égouttez-les et laissez-les refroidir ■ Dans un saladier, mettez la viande avec les œufs, le cumin, le persil, du sel et du poivre. Mélangez bien ces ingrédients et façonnez de petites boulettes en y incorporant à chaque fois une rondelle ou un quartier de légume ■ Passez-les 10 mn sous le gril du four préchauffé en les retournant à mi-cuisson.

*Présentation du couscous :*
Retirez la semoule du couscoussier et aérez-la pour la détacher ■ Servez-la entourée des viandes, le bouillon et ses légumes dans une soupière ■ Accompagnez de la sauce harissa que chacun ajoutera à sa convenance en la délayant dans un peu de bouillon.

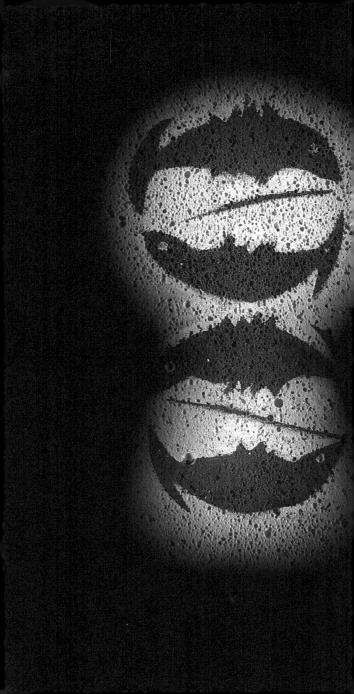

séduction elle

# POISSONS SEDUCTION ELLE

**P**our vous séduire, Madame Poissons, il faut être romanesque. Vous laissant bercer au gré de vos émotions, vous voguez dans l'incertain de votre cœur.

**V**ous éprouvez des passions fulgurantes pour des vedettes de cinéma. Pour Christophe Lambert, pour Gary Cooper, un jour ou l'autre, ou pour des héros de roman. Quelque courageux médecin soulageant en pleine mousson la misère humaine dont vous seriez l'infirmière dévouée...
Vous êtes douce et tendre et attendez une âme noble pour oser dire adieu à la routine quotidienne.
Mais vous êtes aussi un signe d'eau, que domine Vénus, et vous pouvez en un clin d'œil vous métamorphoser en une mystérieuse sirène.

**P**our vous plaire, on vous racontera des histoires et l'on fera semblant de croire aux vôtres. Vous avez une réputation de terrible menteuse. Comme c'est faux ! Vous ne mentez pas, vous transposez. « Mensonge ici, vérité ailleurs », dites-vous. On vous apportera des fleurs. Le lotus correspond à votre signe. Mais comme on n'en trouve pas, on choisira des violettes entourées de papier dentelle et de rubans ou des bouquets de mariée dans des tons pastel. On vous emmènera au concert. Vous faites plus qu'aimer la musique : vous la ressentez au plus profond de vous. Pour vous émouvoir, on vous fera écouter Chopin ou Ravel, deux musiciens de votre signe qui vous vont droit au cœur.

Le souper — c'est tellement plus romanesque ! — sera conçu pour vous faire rêver. Pour commencer, un verre de champagne glacé avec une larme de liqueur de framboise. Et puis des mets très doux relevés d'un rien de magique — de caviar, par exemple. Que la table soit jolie, toute blanche, que la fenêtre soit ouverte sur la nuit, et que déjà vous puissiez penser, vous qui vivez en dehors du temps : « Je m'en souviendrai toute ma vie ! »

On vous emmènera déjeuner à la campagne, juste après la pluie. S'il y avait un arc-en-ciel, vous l'accueilleriez les larmes aux yeux comme un signe du destin. L'auberge vous plaira parce qu'elle est située au bord de l'eau et que les patrons sont gentils. Mieux vaut faire le menu pour vous, afin de vous épargner des choix difficiles, et puis parce que ce soir « mouclade » ou « terrine de canard », de toute façon cela vous est bien égal.

*séduction elle*

Soupers en ville, déjeuners champêtres, avec qui passerez-vous ces moments délicieux ?

Rarement avec un Lion — peut-être l'admirez-vous, mais sans vous en approcher.

Épisodiquement avec un Scorpion — il vous fascine tellement que vous ne le supportez qu'à petites doses.

Gentiment avec un Gémeaux — comme ami de cœur c'est l'idéal, mais vous visez plus haut.

Tendrement avec un Cancer — il sait essuyer vos larmes.

Audacieusement avec un Bélier — l'audace est toute de son côté et vous ne savez pas dire non.

Souplement avec un Balance — vous avez l'impression de valser, c'est exquis, mais que se passe-t-il quand les violons se taisent ?

Sérieusement avec un Capricorne — il réussit à vous ramener sur terre. Mais, si vous humez quelque brise marine...

Intensément avec un Sagittaire — il a un grand idéal et vous avez tellement besoin de vous dévouer.

Confusément avec un Poissons — et si dans ce fouillis de sentiments, vous étiez tous les deux comblés ?

Voluptueusement avec un Taureau — il a su révéler votre corps de sirène. Un risque : que vous lui glissiez entre les doigts pour charmer d'autres navigateurs plus audacieux.

Confortablement avec un Vierge — sa douceur vénusienne vous attire tant que vous apportez vos coussins préférés chez lui.

Merveilleusement avec un Verseau — comment pourriez-vous rester insensible à tant d'imagination ?

# NYMPHETTES
# A LA MESSALINE

## Pour 2 Personnes

- □ 18 cuisses de grenouilles
- □ 50 g de crème
- □ 1 jaune d'œuf
- □ 1 bouquet de persil
- □ 30 g de beurre
- □ 20 g de farine
- □ 1 cuil. à soupe de paprika
- □ sel, poivre de la Jamaïque

■ Faites dégorger les cuisses de grenouilles à l'eau salée 2 h ■ Lavez, épongez et hachez le persil. Mélangez la farine, le paprika et le poivre de la Jamaïque préalablement moulu, mettez ce mélange sur une assiette ■ Retirez les cuisses de grenouilles de l'eau, essuyez-les avec du papier absorbant et farinez-les ■ Dans une poêle, chauffez le beurre avant d'y mettre les cuisses de grenouilles à rissoler 10 mn à feu vif en les tournant régulièrement ■ Battez la crème à la fourchette avec le jaune d'œuf ■ Ajoutez-les dans la poêle ; faites chauffer en remuant sans cesse ; retirez du feu avant la reprise de l'ébullition. Salez et poivrez si nécessaire ■ Servez les cuisses de grenouilles sur un plat chaud, saupoudrées de persil.

*séduction elle*

# MAGRETS BELLE HÉLÈNE

## Pour 2 Personnes

- □ 2 magrets de canard
- □ 200 g de nouilles fraîches
- □ 3 échalotes
- □ le jus d'un citron
- □ 40 g de beurre
- □ 1,5 dl de crème fraîche
- □ 1 petite truffe
- □ 1 bouquet de persil
- □ 1 branche de thym
- □ 1 feuille de laurier
- □ 6 cuil. à soupe d'huile
- □ sel, poivre du moulin

■ Pelez les échalotes, coupez-les en fines rondelles. Mettez-les dans un plat creux avec le jus de citron, le thym, la feuille de laurier, le persil, l'huile, du sel et du poivre ■ Incisez la peau des magrets en les quadrillant et mettez-les 1 h dans la marinade en veillant à les retourner régulièrement ■ Cuisez les nouilles à l'eau bouillante salée 2 mn. Égouttez-les. Coupez la truffe en fines rondelles ■ Dans une sauteuse, faites fondre le beurre afin d'y faire revenir les rondelles de truffe. Poivrez et ajoutez la crème. A l'ébullition de la crème, mettez les nouilles dans la sauteuse ; couvrez et laissez cuire à feu doux jusqu'à ce que la crème soit absorbée. Pendant ce temps, retirez les magrets de la marinade, essuyez-les et cuisez-les à la broche 12 mn ■ Servez-les coupé dans le biais en tranches et reconstitués. Entourez-les des nouilles et de la sauce.

# FÉLICITÉ AUX NOIX

## Pour 2 Personnes

- □ 2 œufs + 1 blanc
- □ 75 g de cerneaux de noix
- □ 125 g de sucre
- □ 1 verre à liqueur de Calvados
- □ 12 violettes en sucre
- □ 175 g de crème fraîche épaisse
- □ 1 cuil. à soupe d'huile

■ Dans une casserole, faites chauffer 75 g de sucre avec 2 cuil. à soupe d'eau. Cuisez jusqu'à ce que vous obteniez un caramel blond puis ajoutez les cerneaux de noix et tournez doucement sur le feu jusqu'à ce que les cerneaux soient enrobés d'un caramel foncé. Versez-les sur une assiette huilée et laissez-les complètement refroidir avant de les broyer à la grosseur d'un demi-grain de poivre. Réservez-les. Mettez les œufs entiers, le reste de sucre et un demi-verre à liqueur d'eau dans une casserole. Mettez-la à feu doux et fouettez le mélange jusqu'à ce qu'il soit tiède. Ôtez la casserole du feu et continuez à fouetter jusqu'à complet refroidissement ■ Fouettez la crème afin qu'elle double de volume, ajoutez-y délicatement le blanc battu en neige ferme puis le calvados et les cerneaux broyés, mélangez les deux préparations et versez-les dans un moule rectangulaire à bord un peu haut. Laissez prendre au congélateur 3 h ■ Démoulez sur un plat garni d'une serviette pliée en quatre et décorez le dessus avec les violettes.

# POISSONS SEDUCTION LUI

**P**our vous séduire il faut vous deviner. On dit que vous aimez toutes les femmes, que c'est votre manière de n'en aimer aucune.

**P**our vous, l'amour est communion avec l'univers. Mais votre imagination est si féconde que vous pouvez aussi, chaque soir, découvrir une nouvelle femme dans votre partenaire habituelle pourvu que, attentive à vos humeurs, elle soit aussi changeante que vous. Sinon, d'aventures en aventures, vous rêverez d'amour absolu gardant au cœur le sentiment de votre solitude.

**L**e mystère doit toujours avoir une place dans vos soirées sentimentales. Votre idéal : le carnaval de Venise. L'eau, l'anonymat, la culture, la nostalgie, certains jeux troubles... là tout est réuni pour combler vos désirs secrets. Et si on vous convie à un dîner intime ? Au début de la soirée, on vous aura donné rendez-vous dans un bar. Une

*seduction lui*

toilette de femme fatale vous ferait fuir, mais une attitude un peu mélancolique, un regard perdu, des cheveux savamment décoiffés, et vous voilà conquis. Et si on allait au cinéma ? Vous serez enchanté, il y a toujours dix films à voir ; il suffit de vous laisser choisir.

En sortant du cinéma ne déclarez pas « Tout est prêt chez moi. » « Comment, penserait-il, elle veut me mettre le grappin dessus ! » et il vous glisserait entre les doigts. Dites plutôt, l'air ingénu : « Un de mes amis m'a apporté des huîtres merveilleuses juste au moment où j'allais sortir pour vous rejoindre... » Là, vous êtes sûre de gagner : il adore les huîtres et à l'idée qu'un autre homme espérait les déguster en votre compagnie... il ne court pas, il vole. Chez vous, rien ne sera préparé. Tandis que vous l'occuperez à choisir entre quelques disques de jazz très cool, et à ouvrir une bouteille de champagne nature qui, comme par hasard, était dans la glacière. Avec les huîtres, apportez une grillade saignante chaude et poivrée. Une bouchée de viande, on gobe une huître, une bouchée de viande... Monsieur Poissons, si compliqué, découvre dans l'extase que tout est simple !

A la campagne, comment lui plaire ? Cela dépend du temps, de la saison et du genre de Poissons à qui vous avez à faire. Dans le doute, contentez-vous de le suivre, mais soyez prête à tout. Il y a les Poissons gourmands qui connaissent la carte des auberges sur le bout de leurs fourchettes, les Poissons-pilotes qui suivent les sentiers de grandes randonnées, et les Poissons-chats qui font la sieste au bord des rivières. Il y en a aussi qui font tout cela à la fois ; ce sont les plus merveilleux des hommes !

Au bord des rivières ou à un souper fin, avec qui partagerez-vous ces moments délicieux ?
Rarement avec une Bélier — pourquoi recommencer ? Elle a gagné, vous êtes bien contents tous les deux.
Épisodiquement avec une Lion — elle est admirable tous les jours... C'est trop.
Harmonieusement avec une Balance — de la musique avant toute chose.
Artistiquement avec une Cancer — la vie d'artiste c'est beau, parfois triste.
Espièglement avec une Gémeaux — à force de jouer à poisson-vole, vous vous perdez de vue.
Mystérieusement avec une Verseau — vous étiez masqués, était-ce bien elle, était-ce bien vous ?
Gravement avec une Capricorne — son côté terrienne vous rassure, mais que souffle la corne de brume...
Confusément avec une Poissons — et si dans ce fouillis de sentiments vous étiez tout deux comblés ?
Aveuglément avec une Scorpion — elle vous initie à des mystères moins spirituels que les vôtres.
Librement avec une Sagittaire — elle a trop d'intuition pour ne pas vous laisser toute liberté d'autant que cela l'arrange.
Paresseusement avec une Taureau — l'amour est communion avec l'univers, il convient de prendre son temps.
Conjugalement avec une Vierge — si elle a assez d'imagination pour vous attraper, vous êtes conquis et heureux.

# HUITRES
# EN COURTEPOINTE

## Pour 2 Personnes

- □ 2 douzaines d'huîtres
- □ 4 cuil. à soupe de crème fraîche
- □ 75 g de chapelure
- □ 75 g de petits gâteaux apéritif
- □ 120 g de beurre
- □ poivre du moulin

■ Retirez les huîtres de leurs coquilles, mettez-les sur une assiette. Poivrez-les. Filtrez le jus pour en ôter les impuretés ■ Réduisez en poudre les gâteaux apéritif et mélangez-les avec la chapelure ■ Beurrez un petit plat à gratin peu profond où vous disposerez en couches successives le mélange chapelure-gâteaux apéritif et les huîtres en les arrosant à chaque fois d'un peu de beurre fondu et en terminant par une couche de chapelure ■ Délayez la crème avec 4 cuil. à soupe de jus des huîtres avant d'en arroser le dessus du plat ■ Cuisez à four chaud (230°, th. 8) 10 mn ■ Servez très chaud dans le plat de cuisson.

*séduction lui*

# ENTRECOTE
# SOUS LIT MOELLEUX

## Pour 2 Personnes

- □ 1 belle entrecôte de 600 g
- □ 125 g de beurre
- □ 125 g de moelle de bœuf
- □ 1 verre de cognac
- □ 1 forte pincée de muscade râpée
- □ 3 échalotes
- □ 1 cuil. à soupe de persil haché
- □ sel, poivre

■ Faites blanchir la moelle en la plongeant 1 mn dans l'eau bouillante salée. Égouttez-la et laissez-la refroidir ■ Pelez et hachez les échalotes. Mixez le beurre avec la moelle puis ajoutez le hachis d'échalotes, le persil, le cognac, la muscade, du sel et du poivre ■ Chauffez le gril 10 mn avant de cuire l'entrecôte 2 mn de chaque côté. Salez et poivrez un côté. Enduisez l'autre de la préparation à base de beurre et de moelle ■ Posez l'entrecôte sur un plat à four et passez-la à four chaud (230°, th. 8) 4 mn ■ Servez immédiatement sur un plat chaud.

*seduction lui*

## PLAISIR FONDANT

### Pour 2 Personnes

- 30 g de cacao amer
- 130 g de sucre en poudre
- 40 g de Maïzena
- 85 g de beurre
- 3 œufs + 2 jaunes
- 1/2 litre de lait + 2 cuil. à soupe
- 1 cuil. à soupe d'extrait de café
- 1 cuil. à soupe d'huile d'amandes douces

■ Mettez 2 cuil. à soupe de lait dans une casserole avec le cacao et 55 g de sucre, chauffez en tournant jusqu'à dissolution complète. Hors du feu, incorporez le beurre peu à peu en fouettant le mélange au moins 10 mn ■ Cassez les œufs entiers en séparant les blancs des jaunes ■ Incorporez les jaunes un à un à la préparation puis les blancs battus en neige ferme. Versez dans un moule huilé et mettez au frais 12 h ■ Dans une casserole, délayez la Maïzena dans le lait froid avant d'y ajouter le reste de sucre et l'extrait de café. Chauffez jusqu'à ébullition, retirez la casserole du feu et incorporez les jaunes à la crème en fouettant vigoureusement ■ Démoulez le gâteau sur un plat et servez-le accompagné de la crème au café.

# CADEAUX
# POISSONS

**P**our leur maison

**Un assortiment de moutardes** — ils n'en auront jamais assez pour assaisonner toutes les grillades qu'ils aiment tant.

**Une boîte de sardines** — à l'huile, mais de luxe, qui soit millésimée. Plus elles sont vieilles meilleures elles sont. Un petit cadeau très in !

**Une cassette de film** — un grand classique qu'ils ne possèdent pas encore.

**Un lotus** — leur fleur — flottant dans une coupe d'eau, ou dessiné ou sculpté.

**Un tapis** — hérissé de pointes de plastique pour se gratter la plante des pieds tandis qu'ils se lavent les dents. Le secret de la forme.

**Une douche** — à jet variable — à adapter sur leur baignoire ou un hot-tub, un jacusi, un lit aquatique, une piscine. Et tout, tout pour jouer avec l'eau.

**P**our elle

**Une boîte de caviar** — c'est plus que bon, pour elle c'est magique.

**Un flacon de parfum** — Royal Secret de Germaine Monteil, juste assez capiteux, le nom lui plaît et ce n'est pas le parfum de toutes les femmes.

*les cadeaux*

**Des escarpins** — de satin gris-bleu — sa couleur préférée — et elle adore les chaussures.

**Un pull marin** — très grand, très vague, très doux. Pourquoi les marins ne porteraient-ils pas du mohair ?

**Un livre de cuisine** — exotique et, s'il y avait des photos de paysages plutôt que de plats, elle aurait encore plus envie de les essayer.

**Un disque** — de Chopin ou de Ravel : deux musiciens de son signe qui font venir des larmes dans ses beaux yeux ; des billets pour des concerts — récitals de piano de préférence — une croisière musicale, une guitare, un piano.

Et tout, tout, tout pour qu'elle écoute et joue la musique qu'elle aime tant.

# Pour lui

**Une bourriche d'huîtres** — ou un gant spécial avec son couteau pour les ouvrir sans danger.

**Des tongs japonaises** — avec les chaussettes assorties — où le pouce est bien séparé. Lui qui aime enlever ses chaussures, il ne pourra plus s'en passer.

**Un flacon** — d'huile de tortue hydrophile. Vous en ignorez l'usage, qu'importe ! lui, il connaît et il aime !

**Un jeu de cartes** — avec des jetons ; le poker, c'est sa passion.

**Un livre** — sur les religions, les sages de l'Inde, les grands prophètes ou une méthode pour l'initier au do in.

**Un voilier** — une maquette, si vos moyens ne vous permettent pas de lui en offrir un vrai ; un système électrique qui fait vibrer le lit, un disque de musique tahitienne.

Et tout, tout, tout pour rêver à l'année sabbatique qu'il ne prendra jamais.

# LE POISSONS ET LES AUTRES

*BÉLIER*

*TAUREAU*

*GÉMEAUX*

*CANCER*

*LION*

*VIERGE*

*BALANCE*

*SCORPION*

*SAGITTAIRE*

*CAPRICORNE*

*VERSEAU*

*POISSONS*

*Ils s'entendent*

| | | | | |
|---|---|---|---|---|
| *un peu* _____ | 1 🍮 1 🥤 1 🌺 1 ❤️ |
| *beaucoup* _____ | 2 🍮 2 🥤 2 🌺 2 ❤️ |
| *merveilleusement* | 3 🍮 3 🥤 3 🌺 3 ❤️ |
| *pas du tout* _____ | ✗ |

| GOURMAN-DISE | COPAINS | SOCIAL | CŒUR |
|---|---|---|---|
| 🍮 | 🥤 🥤 | 🌺 🌺 | ❤️ |
| 🍮 🍮 | 🥤 | 🌺 | ❤️ ❤️ |
| 🍮 🍮 | 🥤 🥤 | 🌺 🌺 | ❤️ ❤️ |
| 🍮 🍮 🍮 | 🥤 🥤 🥤 | 🌺 🌺 | ❤️ ❤️ ❤️ |
| 🍮 | 🥤 🥤 | 🌺 🌺 🌺 | ❤️ ❤️ |
| 🍮 🍮 | 🥤 | 🌺 | ❤️ ❤️ |
| 🍮 🍮 | 🥤 🥤 | 🌺 🌺 | ❤️ ❤️ ❤️ |
| 🍮 | 🥤 🥤 🥤 | 🌺 🌺 | ❤️ ❤️ |
| 🍮 🍮 | 🥤 🥤 | 🌺 | ❤️ |
| 🍮 🍮 | 🥤 🥤 | 🌺 | ❤️ |
| 🍮 🍮 🍮 | 🥤 🥤 | 🌺 🌺 | ❤️ ❤️ |
| 🍮 🍮 🍮 | 🥤 🥤 | ✗ | ❤️ ❤️ |

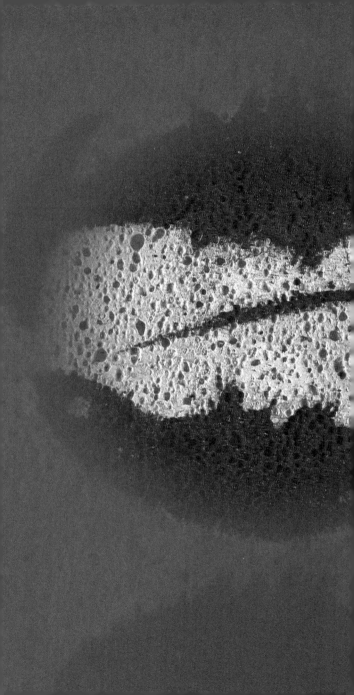

# LA GASTRONOMIE

# POISSONS GOURMANDISE D'ICI

**V**ous avez des goûts simples... C'est vous qui le dites ! Il est vrai que, comme vous aimez bien voir ce qu'il y a dans votre assiette, les ragoûts vous déplaisent et les sauces doivent être servies à part.

**V**os plats préférés : une bonne entre-côte grillée, un gigot de présalé, un beau poisson — sans trop d'arêtes.
Vous n'êtes pas tellement amateur de légumes — à part les pommes de terre au four, sautées, poêlées, frites ; vous en mangeriez à tous les repas. Pour les desserts, vous êtes assez capricieux : la mousse au chocolat, bien sûr, surtout si le chocolat est noir et qu'il s'y mêle un peu de café. Et vous avez vos périodes millefeuilles, tartes aux pommes ou Paris-Brest. En réalité, vous préférez les gâteaux secs, les sablés surtout et vous pourriez en grignoter un paquet entier en prenant votre café.

*gourmandise d'ici*

La cuisine vous intéresse rarement. Mais, quand vous la faites, vous la faites bien. Qui vous a vu vous affairer devant votre fourneau, un livre de recettes grand ouvert sur la table au milieu de tous les ingrédients nécessaires à la composition de votre plat, a l'impression que vous êtes submergé. Vous l'êtes un peu, c'est vrai, mais si vous avez réellement envie de le préparer, même si vous vous embrouillez un peu, il est certain que ce sera bon.

Vos spécialités sont d'abord les grillades, bien saisies, rouges mais chaudes à l'intérieur. Pour les accompagner, vous avez dans votre cuisine un rayonnage entier de petits pots de moutarde : à l'estragon ou au poivre vert, pour le bœuf, au coriandre ou aux herbes de Provence, pour le mouton, aux échalotes et à la ciboulette, pour le porc...

Vous faites aussi griller les poissons que vous aimez : ceux qui ont la chair ferme, des poissons plats, soles et turbots, ou du saumon. Vous les aimez aussi en papillotes avec quelques tranches de citron et vous raffolez des coquillages — surtout des huîtres que vous aimez manger à la bordelaise : deux plateaux devant vous, l'un contenant des huîtres sur un nid de glace et d'algues, l'autre, de la saucisse brûlante et piquante à souhait.

On mange un morceau de saucisse, puis une huître...

Les vins, on peut dire que vous les aimez tous, s'ils sont bons. Aux grands vins millésimés vous préférez ceux de Touraine, légers et fruités, ou les petits bordeaux de l'année. « On peut en

*gourmandise d'ici*

boire beaucoup et ils ne font pas mal à la tête », dites-vous, mais vous sortez pour les grandes occasions certaines bouteilles de bourgogne, nuits-saint-georges ou pommards qui reposent dans votre cave depuis plus de dix ans. A l'apéritif, vous prenez du whisky, par habitude, mais vous aimez, l'été, un petit pastis bien frais avec des crevettes grillées. Au fond, vous n'êtes pas grand buveur d'apéritifs. En revanche, vous seriez assez porté sur les digestifs : armagnac, cognac, vieux marc et certaines liqueurs comme la bénédictine ou le grand-marnier.

Au petit déjeuner, si vous ne vous êtes pas couché trop tard la veille, si le temps qui passe et le souci de votre ligne vous le permettent, vous mangez volontiers comme un ogre. Il vous faut alors un grand pot de liquide chaud — thé ou café selon les jours, mais plusieurs tasses — et puis d'innombrables tartines de pain beurré avec du miel et, sur la table, plusieurs confitures pour choisir ou pour les goûter toutes. Une bonne baguette, toute chaude et croustillante, vaut, pour vous, tous les toasts de la terre : vous avez des goûts simples, n'est-ce pas ?

*gourmandise d'ici*

# SALADE MIKADO

## Pour 4 Personnes

- □ 4 belles tomates
- □ 250 g de crosnes
- □ le quart d'un céleri-rave
- □ 3 cuil. à soupe de mayonnaise en pot
- □ 1 cuil. à café de moutarde
- □ 1 cuil. à soupe de jus de citron
- □ 1 cuil. à soupe d'huile
- □ sel, poivre

■ Coupez un couvercle sur les tomates, creusez-les. Salez et poivrez l'intérieur et laissez-les dégorger, retournées sur un torchon, 30 mn ■ Coupez les bouts des crosnes, lavez-les et mettez-les, saupoudrés de gros sel, dans un torchon noué aux deux bouts. Roulez les en les frottant les uns contre les autres, c'est la meilleure façon de les éplucher facilement. Lavez-les bien dans plusieurs eaux pour les dessaler et cuisez-les 20 mn à l'eau bouillante non salée ■ Égouttez-les, laissez-les refroidir avant de les assaisonner avec huile, jus de citron, sel et poivre ■ Pelez et râpez le céleri. Mélangez la mayonnaise et la moutarde avant d'en assaisonner le céleri ■ Posez un petit dôme de céleri dans chaque tomate, sur lequel vous rangerez les crosnes debout les uns à côté des autres afin de masquer le céleri. ■ Servez bien frais.

*gourmandise d'ici*

## RIS A LA CHIFFONNADE

### Pour 4 Personnes

- □ 1 ris de veau de 800 g
- □ 40 g de beurre
- □ 200 g de lard maigre
- □ 2 bouquets d'oseille
- □ 4 cuil. à soupe de crème
- □ sel, poivre

■ Faites dégorger le ris de veau à l'eau froide pendant 6 h en changeant l'eau plusieurs fois ■ Mettez-le dans une casserole d'eau froide. Chauffez jusqu'à l'ébullition, retirez la casserole du feu et laissez le ris 3 mn dans l'eau chaude avant de le passer sous l'eau froide. Essuyez-le ■ Coupez des lardons de 1 cm dans la largeur ■ A l'aide d'un lardoir, piquez-les dans le ris en les répartissant. ■ Épluchez, équeutez et lavez l'oseille. Essorez-la ■ Dans une cocotte, faites fondre le beurre, cuisez-y le ris entouré de l'oseille 15 mn, cocotte ouverte ■ En fin de cuisson, salez, poivrez et ajoutez la crème ■ Servez le ris de veau en tranches, recouvert de la sauce à l'oseille.

## LOUP SOUS CAPE

### Pour 4 Personnes

- □ 1 loup de 1 kg vidé par les ouïes
- □ 1 paquet de pâte feuilletée
- □ 3 cuil. à soupe de riz
- □ 6 portions de 30 g d'oseille surgelée
- □ 150 g de chair à saucisse
- □ 30 g de pignons
- □ 1 œuf + 2 jaunes
- □ 3 cuil. à soupe de crème
- □ sel, poivre du moulin

■ Cuisez ensemble l'oseille et le riz 15 mn dans 1/2 verre d'eau. Laissez-les refroidir avant de les mélanger avec la chair à saucisse, les pignons et l'œuf. Salez et poivrez ■ Lavez et épongez le loup. Avec un couteau pointu, fendez le dos le long de l'arête centrale en veillant à ne pas percer la peau. Décollez l'arête avec vos mains, coupez-la aux deux bouts avec des ciseaux ■ Lavez la poche du ventre et essuyez-la. Remplissez la cavité de farce. Ficelez le loup et enveloppez-le de papier aluminium. Posez-le sur un plat à four, l'ouverture vers le haut et cuisez-le à four chaud (190°, th. 6) 30 mn ■ Laissez le loup refroidir. Ôtez la ficelle et la peau ■ Étalez la pâte en 2 rectangles. Posez le loup sur un rectangle. Enduisez-le de crème et du reste des jaunes battus. Posez le second rectangle et soudez-les l'un à l'autre en pinçant avec les doigts. Décorez le dessus du reste de pâte en imitant les écailles et l'œil ■ Badigeonnez avec reste des jaunes et cuisez à four chaud (210°, th. 7) 20 mn ■ Servez.

*gourmandise d'ici*

# PINTADE MIROIR

## Pour 4 Personnes

- ☐ 1 pintade
- ☐ 80 g de lard maigre
- ☐ 100 g de noix de veau
- ☐ 3 foies de volailles
- ☐ 100 g de champignons de Paris

- ☐ 1 œuf
- ☐ 1 cuil. à soupe de cognac
- ☐ 2 dl de madère
- ☐ 2 échalotes
- ☐ 2 sachets de gelée
- ☐ 2 cuil. à soupe d'huile
- ☐ sel, poivre

■ Demandez à votre boucher de désosser la pintade sans ôter les os des cuisses. Recousez soigneusement la peau si elle est trouée. Faites sauter les foies de volailles dans 1 cuil. d'huile pendant 5 mn en les tournant régulièrement ■ Coupez la partie sableuse du pied des champignons. Pelez les échalotes ■ Hachez ensemble le lard, le veau, les foies, les échalotes et les champignons. Salez, poivrez. Ajoutez l'œuf et le cognac. Mélangez bien tous ces ingrédients ■ Remplissez-en la pintade et cousez l'ouverture ■ Badigeonnez-la du restant d'huile et posez-la dans une cocotte. Versez le madère. Salez et poivrez. Couvrez et cuisez 1 h à feu moyen ■ Posez la pintade dans une terrine ■ Préparez la gelée en suivant les indications du sachet mais en remplaçant une partie de l'eau par le jus de cuisson filtré ■ Recouvrez la pintade de gelée et mettez-la 12 h au frais.

# POULET EN CHEMISE VERTE

*gourmandise a ici*

## Pour 4 Personnes

- □ 1 poulet de 1,500 kg
- □ 1 oignon épluché
- □ 1 carotte en rondelles
- □ 30 g de farine
- □ 40 g de beurre
- □ 1 bouquet d'estragon + 40 feuilles
- □ 125 g de crème épaisse
- □ 2 jaunes d'œufs
- □ sel, poivre

■ Pelez l'oignon, épluchez la carotte et coupez-la en rondelles ■ Dans un faitout contenant 1 litre d'eau, mettez le poulet avec l'oignon, les rondelles de carottes et le bouquet d'estragon. Salez, poivrez et cuisez 45 mn à feu doux après l'ébullition ■ Tenez le poulet au chaud à feu très doux dans un fond de bouillon, filtrez le reste ■ Dans une casserole, faites fondre le beurre, versez la farine et tournez vivement pour la faire mousser ; hors du feu, ajoutez dans la casserole 3 dl de bouillon. Remettez la casserole sur feu moyen et cuisez en tournant 5 mn après la reprise de l'ébullition ■ Hachez les feuilles d'estragon, battez ensemble la crème et les jaunes d'œufs. Ajoutez-les à la sauce ainsi que le hachis d'estragon et battez au fouet sur le feu jusqu'à la reprise de l'ébullition ■ Ôtez la peau du poulet, coupez-le en morceaux et servez-le recouvert de la sauce.

## TOURNEDOS A LA CHANTELLE

### Pour 4 Personnes

□ 4 tournedos
□ 4 belles pommes de terre
□ 1 œuf
□ 500 g de pointes d'asperges
□ 60 g de beurre
□ 50 g de crème

□ 1 cuil. à café de paprika doux
□ 1 cuil. à soupe d'huile
□ 1 forte pincée de muscade râpée
□ sel, poivre du moulin

■ Lavez les pommes de terre sous l'eau courante, essuyez-les et cuisez-les à four chaud (210°, th. 7) 1 h ■ Pendant ce temps, coupez le tiers inférieur des asperges, pelez-les, liez-les en botte et mettez-les dans un récipient à bords hauts ■ Recouvrez-les d'eau. Salez et cuisez-les 20 mn après le début de l'ébullition ■ Égouttez-les et laissez-les refroidir ■ Coupez les pommes de terre en deux, retirez la pulpe que vous écraserez à la fourchette avec l'œuf battu, 20 g de beurre, la muscade, sel et poivre ■ Façonnez 4 galettes et cuisez-les au beurre à feu moyen 2 mn de chaque côté. Tenez-les au chaud. Badigeonnez les tournedos d'huile, saupoudrez-les de paprika et cuisez-les à la poêle dans un peu de beurre 2 mn de chaque côté. Salez et poivrez ■ Chauffez la crème dans la poêle afin de récupérer les sucs de cuisson ■ Servez chaque tournedos sur une galette, recouvert de sauce et entouré de pointes d'asperges.

# PORC
# D'ARRIÈRE-SAISON

## Pour 4 Personnes

- □ 1 rôti de porc de 1 kg
- □ 1 cuil. à café de sel de céleri
- □ 5 œufs
- □ 100 g de chapelure
- □ 1 verre d'huile
- □ 1 boîte de marrons au naturel
- □ sel, poivre

■ Dans une cocotte, chauffez 1 cuil. d'huile, dorez-y le rôti sur toutes ses faces. Salez et poivrez ; couvrez et laisser cuire 1 h 30 ■ Égouttez soigneusement les marrons au-dessus d'une passoire. Passez-les au tamis au-dessus d'un saladier. Battez 3 œufs avec le sel de céleri, ajoutez-les aux marrons. Salez, poivrez et mélangez bien ■ Battez les deux derniers œufs dans une assiette creuse, remplissez une autre assiette de la chapelure ■ Avec vos mains mouillées, façonnez de petites croquettes de purée que vous roulerez successivement dans la chapelure, puis dans l'œuf battu et de nouveau dans la chapelure ■ Chauffez l'huile dans une poêle. Dorez-y les croquettes à feu moyen 5 mn en les retournant à mi-cuisson ■ Servez le rôti sur un plat, entouré des croquettes.

*gourmandise d'ici*

# CAROTTES AUX RAISINS DE MALAGA

## Pour 4 Personnes

- □ 600 g de carottes
- □ 50 g de raisins secs de Malaga
- □ 10 g de Maïzena
- □ 2 verres à porto de muscat
- □ 50 g de beurre
- □ sel

■ Faites gonfler les raisins dans le muscat ■ Épluchez les carottes, coupez-les en fines rondelles ■ Dans une sauteuse, faites fondre le beurre, ajoutez-y les carottes et dorez-les à feu moyen 5 mn en les tournant ■ Délayez la Maïzena dans 1/2 verre d'eau, ajoutez-la dans la sauteuse ainsi qu'une pincée de sel ; couvrez et laisser cuire 20 mn ■ A ce moment, ajoutez les raisins et leur macération. Recouvrez et poursuivez la cuisson 25 mn ■ La sauce doit être onctueuse mais peu abondante, n'hésitez pas à découvrir la casserole en fin de cuisson.

## BOULANGÈRE AUX AVELINES

### Pour 4 Personnes

- □ 250 g de noisettes
- □ 250 g de sucre
- □ 6 œufs
- □ 1 cuil. à café d'essence de vanille
- □ 80 g de sucre glace
- □ 1 verre de liqueur de noix
- □ 50 g de chapelure
- □ 50 g de beurre

■ Mixez dans le bol du robot les noisettes en poudre grossière ■ Cassez les œufs en séparant les blancs des jaunes ■ Battez les blancs en neige ferme ■ Battez au fouet les jaunes avec le sucre et l'essence de vanille jusqu'à ce que le mélange blanchisse ■ Versez-le dans une coupe où vous y ajouterez par petites quantités et en les alternant les noisettes hachées, la chapelure et les blancs en neige jusqu'à ce que tous ces ingrédients soient mélangés ■ Beurrez un moule à manqué. Versez-y la préparation ■ Cuisez à four chaud (190°, th. 6) 25 mn. Démoulez sur une grille et laissez refroidir ■ Mélangez le sucre glace avec la liqueur de noix et 1 cuil. à soupe d'eau. Étendez cette pâte avec une petite spatule en fer (ou le plat d'un couteau) sur le dessus du gâteau. Laissez sécher le glaçage avant de servir.

*gourmandise d'ici*

# NEIGE SAUCE CHOCOLAT

## Pour 4 Personnes

□ 3 œufs
□ 70 g de sucre
□ 45 g de sucre glace
□ 1 sachet de sucre vanillé
□ 3 dl de lait

□ 3 tablettes de chocolat noir
□ 1/2 cuil. à café de café soluble
□ 2 cuil. à café de vermicelles de chocolat

■ Cassez les œufs en séparant les blancs des jaunes ■ Battez les jaunes au fouet avec le sucre en poudre et le sucre vanillé jusqu'à ce que le mélange blanchisse ■ Dans une casserole, faites fondre le chocolat à feu très doux, ajoutez le lait et amenez à ébullition ■ Versez ce lait chocolaté en filet sur les jaunes en battant fortement. Remettez sur le feu, ajoutez le café soluble et réchauffez en tournant jusqu'à ce que le mélange nappe la cuillère. Versez dans une coupe, laissez tiédir et mettez au frais ■ Battez les blancs en neige ferme, incorporez-y petit à petit le sucre glace ■ Dans une sauteuse, chauffez une grande quantité d'eau ; à l'ébullition, baissez le feu. Faites des boules de blancs régulières en vous aidant de deux cuillères à soupe et cuisez-les 1 mn de chaque côté dans l'eau juste frémissante ■ Égouttez-les sur du papier absorbant, puis déposez-les sur la crème au chocolat ■ Décorez le dessus des blancs avec les vermicelles de chocolat juste avant de servir.

# POISSONS GOURMANDISE D'AILLEURS

**A**illeurs, c'est toujours chez vous, car vous vous sentez de partout et de nulle part. Tout vous attire au loin pour connaître, pour comprendre, pour fraterniser, pour vous reconnaître à travers les autres : personne mieux que vous ne sait « se mettre dans leur peau ».

**V**oyager est votre grand plaisir même sans sortir de chez vous. Vous aimez lire des récits de voyage, les livres de cuisine exotique vous fascinent, vous vous plaisez à imaginer la saveur de ces plats inconnus et les effets de leurs ingrédients — le thé à la cannelle, ça doit avoir un drôle de goût ? C'est bon pour digérer, non ? Le piment des tropiques, c'est sûrement aphrodisiaque... Les frites de patates douces, les chips de bananes plantains, vous y avez goûté ; on les sert en apéritif avec du punch créole, n'est-ce pas ?

Pour vos vacances, vous rêvez d'îles au soleil. Et, pourquoi pas sur un voilier ? De port en port, de plage en crique, à la découverte de paysages mystérieux loin des hordes de touristes. En Grèce, vous aborderiez au petit matin à Ithaque, l'île d'Ulysse, et vous croqueriez de belles figues sucrées en choisissant déjà dans les filets des pêcheurs les petits rougets qu'on ferait griller à la taverne pour votre déjeuner. Quelques *mezelaki* — olives, fromages, tarama — accompagnés d'ouzo et d'un grand verre d'eau glacée vous feraient patienter tandis que les *papoutsias* (babouches d'aubergines) doreraient dans le four et que le vin « résiné » de l'île serait au frais.

Aux Antilles, de la Marie-Galante à la Désirade, vous dégusteriez des accras de morue, du thon frais aux piments rouges et à la ciboulette, du riz aux haricots rouges et vous calmeriez votre palais enfiévré par toutes ses saveurs piquantes avec du rhum ambré et une crème de mangue au citron bien glacée.

A Tahiti, vous apprécieriez les fines tranches de poisson cru marinées dans du citron et les desserts à la noix de coco. En Indonésie, le *bami-gorang* au curry avec tous les petits bols d'accompagnement vous enchanterait. A Ceylan, vous vous régaleriez au petit déjeuner avec le *string hopper*, exquise crêpe où la farine est remplacée par de la noix de coco râpée et sur laquelle, quand elle est cuite, on casse un œuf — si vous ne l'avez pas dégustée sur place, vous avez lu la recette dans un livre et, quand vous avez le temps, un dimanche matin de *gourmanaise à ailleurs*

flânerie à la maison, vous en préparez pour vous, la famille, les copains...

**A**utre plat qui peut devenir une de vos spécialités, car vous êtes amateur de viande rouge, le fameux *T bone steak* baptisé ainsi par les Américains parce que l'os forme un T. On doit le commander spécialement au boucher pour qu'il garde filet et faux-filet des deux côtés de cet os. Bien épais, bien saisi, accompagné comme aux États-Unis, de pommes de terre au four — *baked potatoes* — remplies de crème mélangée de poivre mignonnette et de ciboulette. Ainsi vous voguez autour de vos fourneaux en multipliant les délicieuses escales gourmandes.

## BANANES DU PLANTEUR

*gourmandise d'ailleurs*

### Pour 4 Personnes

- □ 4 bananes
- □ 1 bel avocat
- □ 1 citron jaune
- □ 2 citrons verts

- □ 30 g de sucre
- □ 1 verre de rhum
- □ 1 légère pincée de piment en poudre

■ Pressez les citrons sans mélanger leur jus ■ Choisissez des bananes à la peau bien jaune et pas trop mûres ■ Fendez-les sur le dessus afin de retirer la chair sans abîmer les peaux ■ Enduisez l'intérieur des peaux avec le jus du citron jaune ■ Ôtez la peau et le noyau de l'avocat. Coupez l'avocat en dés et les bananes en rondelles ■ Mettez-les dans le bol du robot-mixeur avec le jus des citrons verts, le sucre en poudre, le piment et le rhum. Mixez le tout en crème ■ Remplissez la peau des bananes de cette crème ■ Mettez au frais 2 h.

# TARAMA

*gourmandise d'ailleurs*

## Pour 4 Personnes

- ☐ 150 g d'œufs de cabillaud
- ☐ 60 g de mie de pain
- ☐ 1 citron
- ☐ 1 poivron rouge
- ☐ 12 olives noires dénoyautées
- ☐ 1 verre d'huile d'olive
- ☐ poivre du moulin

■ Mettez la mie de pain à tremper dans de l'eau tiède. Pressez le citron ■ Lavez et essuyez le poivron, laissez-le entier. Faites-le griller à la flamme du gaz en le retournant doucement ■ Passez-le sous l'eau courante froide en le tenant par la queue. Dès qu'il sera refroidi, ôtez la peau noircie, la queue et les graines et coupez-le en fines lanières ■ Retirez les œufs de cabillaud de leur poche, pressez la mie de pain ■ Mettez-les dans une coupe et écrasez-les à la fourchette jusqu'à ce qu'ils soient totalement mélangés ■ Battez à la fourchette en ajoutant l'huile en filet comme pour une mayonnaise, le mélange doit doubler de volume ; ajoutez le jus de citron et le poivre en dernier ■ Versez le tarama dans un ravier et décorez-le des lamelles de poivron et des olives.

*gourmandise d'ailleurs*

## SOUFFLE CAP HAÏTIEN

### Pour 4 Personnes

- ☐ 250 g de grains de maïs en boîte
- ☐ 1/2 litre de lait
- ☐ 30 g de Maïzena
- ☐ 40 g de beurre
- ☐ 3 œufs
- ☐ 2 oignons
- ☐ 1 cuil. à soupe d'huile
- ☐ sel, piment

■ Mixez en crème le maïs égoutté ■ Dans une casserole, délayez la Maïzena dans le lait froid avant d'ajouter la crème de maïs. Salez et pimentez selon votre goût ■ Remuez ce mélange à la cuillère en bois sur feu doux jusqu'à l'ébullition ■ Retirez du feu, mélangez le beurre et laissez refroidir ■ Pendant ce temps, pelez et hachez les oignons, dorez-les à la poêle dans l'huile chaude 5 mn et ajoutez-les à la préparation ■ Cassez les œufs en séparant les blancs des jaunes ■ Battez les jaunes à la fourchette avant de les ajouter à leur tour à la préparation ■ Battez les blancs au fouet, en neige ferme ■ Incorporez-les délicatement aux autres éléments ■ Versez la préparation dans un plat à soufflé beurré ■ Cuisez à four chaud (190°, th. 6) 20 mn. Servez aussitôt.

# CERVELLES CRÉOLES

## Pour 4 Personnes

- ☐ 4 cervelles d'agneau
- ☐ 250 g de crevettes cuites
- ☐ 4 tomates
- ☐ 80 g de mie de pain
- ☐ 40 g de beurre
- ☐ 30 g de chapelure
- ☐ sel, piment

■ Mettez la mie de pain à tremper dans de l'eau tiède ■ Faites dégorger les cervelles recouvertes d'eau froide 30 mn, puis ôtez les peaux et les vaisseaux sanguins ■ Mettez-les dans une casserole d'eau froide salée et cuisez-les à l'eau frémissante 10 mn. Retirez-les de l'eau et laissez-les refroidir ; réduisez-les en purée ■ Décortiquez les crevettes, mixez-les avec la valeur de 5 ou 6 carapaces et une forte pincée de piment ■ Pelez les tomates, ôtez les graines et hachez-les grossièrement ■ Dans une coupe, mélangez la purée de cervelles et la purée de crevettes avant d'y ajouter les tomates. Ajoutez et salez · si c'est nécessaire ■ Beurrez un plat allant au four, versez-y la préparation. Saupoudrez-la de chapelure et de noisettes de beurre ■ Cuisez à four chaud (230°, th. 8) 15 mn ■ Servez très chaud dans le plat de cuisson.

*gourmandise d'ailleurs*

# CHAUSSONS NOSY BÉ

## Pour 4 Personnes

- □ 200 g de bœuf haché
- □ 250 g de farine
- □ 125 g de beurre ramolli
- □ 1 bouquet de persil
- □ 2 oignons
- □ 1 cuil. à soupe de curry
- □ 2 cuil. à soupe d'huile
- □ huile de friture
- □ sel, piment

■ Dans le bol du robot-mixeur, mettez la farine, le beurre coupé en morceaux, une pincée de sel et 4 cuil. d'eau tiède ■ Mixez 30 secondes, pas plus, roulez la pâte en boule et laissez-la reposer 1 h au frais ■ Lavez, épongez et hachez le persil. Pelez et hachez les oignons ■ Dans une sauteuse, chauffez l'huile. Dorez-y les oignons mélangés avec le cary avant d'ajouter le bœuf haché et le persil. Salez, pimentez selon votre goût et cuisez à feu doux 10 mn en écrasant à la fourchette pour bien mélanger tous les ingrédients ■ Étalez la pâte sur une planche farinée, la plus mince possible, et découpez-y des ronds à l'aide d'un verre ■ Posez un peu de la farce sur la moitié de la pâte, repliez l'autre moitié par-dessus. Soudez les bords des chaussons à la fourchette ■ Cuisez-les par petites quantités en les plongeant délicatement dans la friture chaude ■ Égouttez-les et déposez-les sur du papier absorbant, tenez-les au chaud pendant la cuisson des autres chaussons.

# MULET MAURESQUE

*gourmandise d'ailleurs*

## Pour 4 Personnes

- ☐ 1 mulet de 1 kg
- ☐ 1 yaourt nature
- ☐ 150 g de concombre
- ☐ 1 cuil. à café de sauce harissa
- ☐ 3 cuil. à soupe d'huile d'olive
- ☐ 1 bouquet de persil
- ☐ 2 citrons
- ☐ sel, poivre

■ Lavez, épongez et hachez le persil. Pressez les citrons ■ Ôtez la tête, la queue et la peau du mulet, coupez-le en tranches de 2 cm d'épaisseur ■ Dans une sauteuse, chauffez l'huile avec la sauce harissa, faites-y dorer à feu moyen les tranches de mulet 5 mn en les retournant à mi-cuisson, puis ajoutez le jus des citrons, la moitié du persil et 1/2 verre d'eau. Salez et poivrez ; couvrez et faites cuire 25 mn ■ Mettez au frais 4 h ou plus ■ Quelques minutes avant de servir le mulet, pelez le concombre, mixez-le avec le yaourt bien frais avant d'ajouter le reste de persil ■ Versez dans une saucière ■ Servez le mulet accompagné de cette sauce.

*gourmandise d'ailleurs*

### Pour 4 Personnes

- □ 4 tranches de lieu
- □ 3 citrons verts
- □ 6 citrons jaunes
- □ 1 bouquet de menthe poivrée
- □ 50 g de poudre de noix de coco
- □ 1/2 verre de lait
- □ 4 gousses d'ail
- □ sel, poivre

■ Pressez les citrons. Lavez et épongez la menthe, effeuillez-la. Épluchez les gousses d'ail ■ Mettez tous ces éléments ainsi que du poivre et du sel dans le bol d'un robot-mixeur. Faites tourner 2 mn ■ Posez les filets sur un plat. Versez le contenu du bol du robot par-dessus ■ Laissez macérer 8 h au frais afin de cuire les filets dans le jus de citron ■ Pendant ce temps, dans une petite casserole, chauffez jusqu'à l'ébullition le lait avec la poudre de noix de coco. Laissez refroidir avant de mettre au frais ■ Au moment de servir, retirez les filets du liquide de macération et posez-les sur un plat ■ Mixez le lait à la noix de coco en crème épaisse ; au besoin, ajoutez un peu de poudre de coco ■ Versez cette crème sur les filets.

*gourmandise d'ailleurs*

# MOUTON DU BAZAR

## Pour 4 Personnes

- ☐ 1 kg de collier de mouton maigre
- ☐ 1,500 kg de poireaux
- ☐ 3 oignons
- ☐ 1 orange
- ☐ 1 œuf
- ☐ 3 cuil. à soupe de crème
- ☐ 2 cuil. à soupe d'huile
- ☐ sel, poivre

■ Prélevez le zeste de l'orange, pressez-la ■ Pelez les oignons, coupez-les en fines tranches ■ Dans une cocotte, dorez à l'huile chaude les tranches d'oignons 5 mn avant d'ajouter le mouton que vous dorerez aussi 5 mn. Salez, poivrez. Ajoutez le jus et le zeste de l'orange, mouillez de 1/2 litre d'eau ■ Couvrez la cocotte et cuisez à feu doux 1 h ■ Ôtez le vert et les racines des poireaux, fendez les blancs sur la moitié de leur longueur et lavez-les sous l'eau courante en écartant bien les feuilles ■ Essuyez-les et coupez-les en fines rondelles. Ajoutez-les dans la cocotte, couvrez-la de nouveau et poursuivez la cuisson 1 h, toujours à feu doux ■ Battez l'œuf avec la crème, incorporez-les en tournant rapidement, hors du feu, en fin de cuisson.

*gourmandise d'ailleurs*

# TARTE DE L'ÎLE DES PINS

## Pour 4 Personnes

- ☐ 2 belles mangues
- ☐ 1 citron
- ☐ 180 g de beurre
- ☐ 250 g de farine
- ☐ 65 g de sucre en poudre
- ☐ 1 œuf
- ☐ 1 cuil. à soupe d'huile
- ☐ 1 cuil. à soupe de crème
- ☐ sel

■ Faites ramollir 150 g de beurre à la température de la pièce ■ Mettez dans le bol d'un robot-mixeur la farine, le beurre ramolli, l'œuf, l'huile, la crème et 15 g de sucre. Mixez 30 secondes, roulez la pâte en boule et mettez-la 1 h au frais ■ Pendant ce temps, ôtez la peau et les noyaux des mangues, coupez-les en lamelles un peu épaisses, posez-les dans une passoire posée sur un saladier afin de recueillir le jus qui va s'écouler ■ Grattez la chair qui adhère aux noyaux et mettez-la dans une petite casserole ■ Étalez la pâte au rouleau sur une planche farinée. Tapissez de cette pâte un moule à tarte beurré. Rangez-y les lamelles de mangues ■ Cuisez à four chaud (210°, th. 7) 30 mn ■ Pressez le citron, mettez le jus dans la casserole contenant les débris des mangues, ajoutez-y alors le jus des mangues, le reste de sucre et de beurre. Cuisez 5 mn et versez ce sirop bouillant sur la tarte. Laissez refroidir.

*gourmandise d'ailleurs*

## SORBET GOYAVE

### Pour 4 Personnes

- □ 200 g de purée de goyave
- □ 100 g de sucre en poudre
- □ 2 blancs d'œufs
- □ 1 citron vert
- □ 2 cuil. à soupe de lait
- □ 200 g de crème fraîche épaisse

■ Mettez le lait au freezer ■ Pressez le citron, mélangez son jus à la purée de goyave ■ Dans une petite casserole, faites fondre le sucre avec 4 cuil. à soupe d'eau ■ Faites cuire à feu moyen 3 mn afin d'obtenir un sirop épais ■ Pendant la cuisson du sirop, battez les blancs en neige puis incorporez-les au fouet au sirop chaud. Laissez refroidir ■ Battez au mixer la crème fraîche sortant du réfrigérateur avec les paillettes de lait afin de la faire gonfler ■ Ajoutez-la ainsi que la purée de goyave au sirop refroidi ■ Tapissez d'un papier aluminium le bord supérieur d'un moule à charlotte plus petit que le volume de la glace ■ Versez la préparation dans le moule. Mettez 4 h au freezer ■ Retirez le papier d'aluminium au moment de servir, la glace se présentera comme un soufflé.

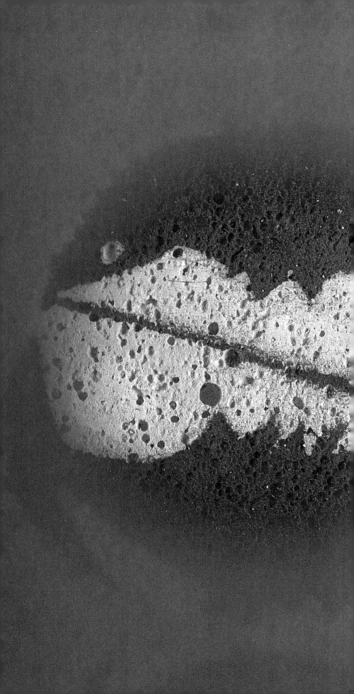

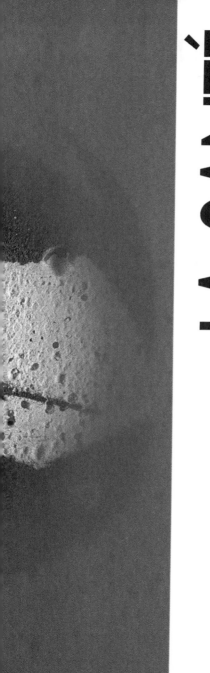

# LA SANTÉ

# POISSONS FORME

**E**n forme ? Vous n'en savez trop rien ; cela dépend des jours — voire des heures —, du comportement et de l'humeur de votre entourage.

**E**n réalité, vous êtes assez solide, à condition de n'abuser ni de médicaments ni d'alcool. Mais, si l'un de vos proches a une maladie, vous avez l'impression d'en être atteint et, qui plus est, à force d'en entendre énumérer les symptômes, vous êtes persuadé de les ressentir.

Pour rester en forme, éviter de lire quoi que ce soit sur les maladies et leurs remèdes — cela entretient chez vous une angoisse inutile. Si vous possédez un dictionnaire médical, faites-en cadeau à des amis bien portants, calmes et sereins.

**M**angez souvent du poisson, du riz, du lait, du fromage, cela suffira pour apporter à votre organisme le calcium dont il a besoin. Étant donné que la fixation du calcium est liée à la présence de phosphore et de vitamine C, vous avez intérêt à manger des noix et des fruits secs, à boire des jus d'ananas, d'orange ou de pamplemousse.

Faites aussi, dans votre alimentation, une grande place au cresson qui, en plus du phosphore et de la vitamine C, contient aussi de l'iode qui vous aidera à lutter contre le vieillissement.

Contre les allergies, un apport de magnésium sera bienvenu. C'est un protecteur de l'appareil circulatoire qui vous gardera également des microbes. Inutile d'avoir recours aux produits pharmaceutiques, les céréales, les légumes secs et les algues suffiront, ainsi que certains fruits secs — en particulier les cacahuètes et les amandes.

La chaleur vous est nécessaire et marcher au soleil est, avec la natation, le meilleur exercice que vous puissiez faire. Sur la plage, marchez, en respirant à fond pour bien vous oxygéner et vous recharger en iode, les pieds nus sur le sable afin de les fortifier puisque c'est un de vos points faibles. Tous les sports qui se pratiquent en mer vous sont bénéfiques : plongée sous-marine, ski nautique, planche à voile, navigation. Si vous en avez la possibilité, lorsque vous vous sentez fatigué, faites une cure de thalassothérapie.

Pour lutter contre le stress, essayez aussi de pratiquer le do in. Au Japon, cette technique ancestrale fait partie de la vie familiale et débouche sur un véritable art de vivre. Inspirée de l'acupuncture, c'est une technique simple qui se pratique sur soi-même, permettant de revitaliser et d'harmoniser son être physiquement et mentalement. Il s'agit surtout de pressions exercées avec les mains pour canaliser les courants vitaux. Vous n'y croyez pas ? Eh bien, levez les bras au-dessus de la tête, joignez les mains et frottez fort vos paumes l'une contre l'autre. Lorsque vous sentez que « ça chauffe fort », écartez lentement les paumes de quelques centimètres : le courant passe.

Ecartez encore et... mesurez votre magnétisme. Puisque vous êtes convaincu, vous achèterez un livre sur le do in ou, mieux, vous prendrez quelques leçons avec un professeur de yoga ou de shiatsu.

**P**our rester en forme, il faut aussi que vous buviez suffisamment. Cela vous fait sourire, mais il ne s'agit que d'eau ! Il vous en faut au moins un litre et demi par jour. Mais, si vous consommez des eaux minérales, lisez bien les étiquettes et choisissez celles qui contiennent le moins de sodium possible. A forte dose les autres favorisent des rétentions et, comme vous êtes un signe d'eau, vous gonflez facilement.

Privilégiez le petit déjeuner. Qu'il soit copieux avec un œuf, du fromage ou du jambon, du pain complet ou des céréales, un peu de beurre cru pour la vitamine A, un peu de miel, mais — sauf dimanche et jours de fête — oubliez les confitures (même maison, c'est du « sucre rapide »), bannissez les biscuits et résistez aux croissants, brioches et petits pains.

A tous les repas, du reste, vous avez intérêt à manger du pain complet, en alternant avec celui au seigle ou au son qu'il ne faut pas, sauf avis médical, consommer tous les jours.

Et n'oubliez pas que le psychisme a une importance capitale pour la santé de tous les natifs du Poissons, que vous avez besoin de donner libre cours à votre imagination et que les impulsions refoulées sont souvent la cause de vos malaises. Ayez confiance en vous !

# TOURIN DU ROUERGUE

## Pour 4 Personnes

- □ 1 litre de lait
- □ 4 gros oignons
- □ 2 cuil. à soupe de farine
- □ 2 jaunes d'œufs

- □ 4 tranches de pain complet
- □ 2 cuil. à soupe de graisse d'oie
- □ sel, poivre

■ Pelez et hachez grossièrement les oignons ■ Dans une casserole, mettez 1 cuillerée de graisse d'oie à feu doux, tournez-y les oignons jusqu'à ce qu'ils deviennent transparents et commencent à dorer ■ Saupoudrez de farine. Versez le lait froid en filet en mélangeant bien. Salez, poivrez. Laissez cuire 20 mn sans couvrir ■ Dans une soupière, fouettez les 2 jaunes avec 2 cuillerées de la soupe ■ Faites dorer les tranches de pain complet à la poêle avec une cuillerée de graisse d'oie ■ Versez le contenu de la marmite dans la soupière. Mélangez. Servez avec une tranche de pain dorée dans chaque assiette.

*forme*

# HUITRES EN BROCHETTES

## Pour 4 Personnes

- ☐ 3 douzaines d'huîtres
- ☐ 18 fines tranches de bacon
- ☐ 1 tasse de chapelure
- ☐ 2 œufs
- ☐ 2 cuil. à soupe d'huile d'arachide
- ☐ 2 citrons
- ☐ 2 échalotes
- ☐ poivre du moulin

■ Coupez les tranches de bacon en deux
■ Ouvrez les huîtres. Détachez-les des coquilles en versant tout le jus que vous pouvez récupérer dans un bol ■ Dans une assiette creuse, battez les œufs à la fourchette avec 1 cuillerée à soupe du jus des huîtres et une bonne pincée de poivre moulu. Mettez la chapelure dans une autre assiette ■ Plongez les huîtres dans les œufs, puis dans la chapelure. Enveloppez-les dans une demi-tranche de bacon et enfilez-les au fur et à mesure sur des brochettes. Badigeonnez-les d'huile et faites-les cuire 5 mn sur un gril bien chaud ■ Servez avec les échalotes hachées finement mélangées au jus des citrons.

# LAITANCES DE HARENGS RÉGATE

## Pour 4 Personnes

- ☐ les laitances de 8 harengs
- ☐ 1 belle tomate
- ☐ 1 oignon
- ☐ 1 gousse d'ail
- ☐ 1 forte pincée de thym et de laurier
- ☐ 1 pincée de curry
- ☐ 1 verre de vin blanc sec
- ☐ 1 cuil. à soupe de persil haché
- ☐ 3 cuil. à soupe d'huile
- ☐ sel, poivre de Cayenne

■ Épluchez l'ail et l'oignon. Râpez l'ail, hachez l'oignon ■ Dans une sauteuse, mettez deux cuillerées d'huile à chauffer ; faites revenir l'oignon saupoudré du curry 5 mn ■ Hachez grossièrement la tomate, ajoutez-la dans la sauteuse avec l'ail râpé, thym, laurier, sel et poivre de Cayenne selon votre goût. Mouillez avec le vin blanc et cuisez 10 mn en remuant souvent. En fin de cuisson, ajoutez deux cuillerées à soupe d'eau et laissez tiédir ■ Huilez un plat à four, déposez-y les laitances, salez légèrement et couvrez de la sauce encore tiède ■ Cuisez à four chaud (210°, th. 7) 10 mn ■ En fin de cuisson, saupoudrez de persil. Laissez refroidir et servez dans des raviers.

# ESCALOPES VÉGÉTARIENNES

## Pour 4 Personnes

- □ 200 g de blé concassé
- □ 1 gros oignon
- □ 2 gousses d'ail
- □ 4 cuil. à soupe d'huile d'olive
- □ 10 olives vertes
- □ 1 sachet de levure
- □ 1 bouquet de persil
- □ 1 citron
- □ sel, poivre

■ Hachez finement l'oignon, l'ail, les olives et les tiges de persil. Mélangez-les au blé dans un saladier. Ajoutez une pincée de sel, 2 cuillerées à soupe d'huile d'olive, puis la levure et assez d'eau pour obtenir une pâte épaisse. Laissez reposer pendant 1 heure ■ Faites chauffer le reste d'huile dans une grande poêle anti-adhésive, déposez dedans avec une petite louche quatre tas de pâte. Cuisez-les 5 minutes de chaque côté à feu moyen ■ Servez ces escalopes avec un quartier de citron et saupoudrez-les de persil. On peut aussi les garnir d'une sauce à la crème et aux champignons, d'une ratatouille ou de tomates poêlées.

# LIEU BRAISÉ
# SUR LIT D'ORTIES

## Pour 4 Personnes

- 4 tranches de lieu jaune
- 2 poignées de feuilles d'orties blanches
- 2 cuil. à soupe d'huile de tournesol
- 20 g de beurre
- 1 cuil. à café de grains de genièvre
- 5 brins de persil plat
- 10 brins de ciboulette
- gros sel marin

■ Lavez les feuilles d'orties. Égouttez-les ■ Beurrez une cocotte avec les 20 g de beurre. Posez-y les orties. Saupoudrez de sel ■ Faites chauffer l'huile dans une poêle à feu vif. Mettez-y les tranches de poisson, 2 mn de chaque côté. Disposez-les dans la cocotte. Assaisonnez de persil, de ciboulette hachée et de grains de genièvre. Couvrez et cuisez 30 mn à feu doux ■ On peut remplacer les orties par des épinards ou des blettes et de l'oseille.

## AILES DE POULET RACING

### Pour 4 Personnes

- 4 ailes de poulets
- 50 g de pignons de pin
- 800 g de petites courgettes
- 2 gousses d'ail
- 2 feuilles de laurier
- 2 cuil. à soupe d'huile
- 40 g de beurre
- sel
- poivre

■ Enlevez les bouts des courgettes. Coupez-les en tronçons. Faites-les cuire 10 mn dans de l'eau bouillante salée avec le laurier. Égouttez-les et mettez-les dans une casserole avec 20 g de beurre et les gousses d'ail hachées. Laissez mijoter à feu très doux sans couvrir pendant 30 mn en tournant de temps en temps ■ Faites chauffer 1 cuillerée d'huile avec le reste du beurre dans une poêle. Faites-y cuire les ailes de poulets salées et poivrées 20 mn à feu moyen ■ Enlevez le poulet de la poêle. Videz-la de sa graisse, mais ne la lavez pas. Faites-y chauffer une cuillerée d'huile fraîche, tournez-y les pignons à feu vif 3 mn. Versez-les sur les ailes de poulets. Servez avec la purée de courgettes.

# TARTARE DU CATCHEUR

## Pour 4 Personnes

- □ 600 g de pointe de filet de bœuf
- □ 4 jaunes d'œufs
- □ 4 cuil. à soupe d'huile d'olive
- □ 1 cuil. à café de moutarde
- □ 4 oignons blancs
- □ 1 fenouil
- □ 1 botte de radis
- □ 1 citron
- □ 4 cuil. à soupe de câpres
- □ 10 brins de persil
- □ sel
- □ poivre

■ Hachez 2 oignons et la moitié du fenouil avec le persil et les câpres ■ Mélangez dans une terrine la moutarde, la pâte d'anchois, 2 cuil. à soupe de jus de citron et les jaunes d'œufs. Ajoutez l'huile en filet pour obtenir comme une mayonnaise. Mélangez-y la viande hachée et le hachis oignons-fenouil. Salez, poivrez ■ Répartissez dans 4 assiettes. Faites un creux au milieu des tartares, mettez-y des morceaux de fenouil, entourez-les de radis posés au milieu de fines rondelles d'oignons.

# CÔTE DE BŒUF OLYMPIQUE

## Pour 4 Personnes

- □ 1 belle côte de bœuf
- □ 2 gros céleris-raves
- □ 20 g de beurre
- □ 2 blancs d'œufs
- □ 4 branches d'estragon
- □ sel, poivre en grains

■ Épluchez et coupez les céleris-raves en bâtonnets. Lavez-les, égouttez-les. Beurrez 4 feuilles de papier aluminium ; dessus, partagez les bâtonnets de céleri, salez, poivrez, saupoudrez d'estragon haché. Formez des papillotes. Mettez à cuire dans le four chaud (th. 8) pendant 30 mn ■ Battez à la fourchette les blancs d'œufs avec une cuillerée à café d'eau froide ■ Poivrez au moulin la côte de bœuf des 2 côtés. Badigeonnez-la de blanc d'œuf du bout des doigts. Mettez-la sans attendre à cuire sur un gril très chaud. Suivant la grosseur de la viande et la façon dont vous l'aimez (plus ou moins saignante), laissez cuire de 10 à 15 mn de chaque côté ■ Salez la côte en fin de cuisson. Découpez-la et servez-la avec les papillotes de céleri.

# BISCUIT TREMPOLINE

## Pour 2 Personnes

- ☐ 125 g de cerneaux de noix
- ☐ 125 g de sucre
- ☐ 3 œufs
- ☐ 25 g de chapelure
- ☐ 25 g de beurre
- ☐ 1/2 cuil. à café d'essence de vanille
- ☐ 50 g de sucre glace
- ☐ 1 cuil. de liqueur de noix

■ Réduisez au mixeur les cerneaux de noix en poudre grossière ■ Cassez les œufs en séparant les blancs des jaunes ■ Battez les blancs en neige ferme ■ Battez au fouet les jaunes avec le sucre et l'essence de vanille jusqu'à ce que le mélange blanchisse ■ Versez-le dans une coupe où vous y ajouterez par petites quantités et en les alternant les cerneaux de noix hachés, la chapelure et les blancs en neige jusqu'à ce que tous ces ingrédients soient mélangés ■ Beurrez un moule. Versez-y la préparation ■ Cuisez à four chaud (190°, th. 6) 25 mn. Démoulez le gâteau sur une grille et laissez-le refroidir ■ Mélangez le sucre glace avec la liqueur de noix et une cuillerée à soupe d'eau. Étendez cette pâte avec une petite spatule en fer (ou le plat d'un couteau) sur le dessus du gâteau. Laissez sécher le glaçage avant de servir.

*forme*

## Pour 4 Personnes

- □ 1 tasse de madère
- □ 3 tasses de bière
- □ 3 cuil. à soupe de cassonnade
- □ 4 tranches de pain de seigle
- □ 1 citron
- □ 1 pincée de muscade

■ Lavez et brossez le citron. Râpez finement le zeste pour en obtenir une cuillerée à soupe ■ Coupez les tranches de pain de seigle en dés. Faites-les griller ■ Préparez quatre bols que vous chaufferez en les remplissant d'eau bouillante ■ Dans une casserole, mettez la cassonnade, la pincée de muscade et le zeste de citron, mélangez-y la bière puis le madère. Chauffez en fouettant jusqu'à l'ébullition ■ Videz les bols de leur eau et répartissez-y les dés de pain grillé. Versez le mélange à la bière, bouillant, pardessus. Ajoutez un filet de citron dans chaque bol et servez sans attendre.

# POISSONS MINCEUR

**Souples et souvent indolents, les Poissons sont bien dans leur peau. Mais ils ne l'avouent sous aucun prétexte, ni aux autres ni à eux-même.**

De la petite sole qui est la seule à se trouver trop grosse, au cachalot essoufflé qui a du mal à monter les escaliers, tous les Poissons ont des problèmes de poids, réels ou imaginaires.

Comme il s'agit d'un signe « éponge », ses natifs prennent l'aspect de leur ascendant : Lion ou Taureau, ils sont en général imposants de stature et risquent avec les années de le devenir encore plus.

Pour les autres, les responsables ne sont pas à rechercher dans le zodiaque, ce sont plutôt la gourmandise et le manque d'exercice.

Curieusement, ils n'aiment guère l'eau en tant que boisson. La première règle à suivre, s'ils veulent maigrir, sera pourtant d'en boire.

*minceur*

**D**es régimes, les Poissons n'en font pas souvent. Ils continuent à penser qu'un enchanteur ou une pilule pourraient, pendant leur sommeil, faire disparaître leurs kilos superflus. Ils ont essayé sans succès plusieurs traitements d'autosuggestion et tous les médicaments miracles. Comme ils sont philosophes, ils se sont résignés à se priver de tout et de rien, dans la jolie pagaille qui leur est habituelle. Bonnes résolutions, oublis, revirements : tout cela parce que les Poissons pensent avoir devant eux une vie éternelle. Alors, aujourd'hui ou demain ! On s'y mettra sérieusement avant de partir en vacances, ou pendant... ou après !

**I**l faut que les Poissons soient malades, ou amoureux, pour plonger dans un régime ; et quel régime ! Impossible de leur faire compter les calories, ils oublieraient la table et, de toute façon, se tromperaient dans les additions. Difficile de leur imposer un régime dissocié : la moindre erreur en détruit tout le bénéfice.
La meilleure solution pour eux serait de faire un séjour dans un établissement spécialisé où ils seraient totalement pris en charge : nourriture, massages, exercices physiques, quel rêve ! Et si, en plus, il y avait de la thalassothérapie, là vraiment ils seraient comme des poissons dans l'eau.

**U**ne bonne solution : le régime poisson. Il est adapté à vos goûts — vous aimez tout ce qui vient de la mer — et il ne demande aucun calcul, aucune

*minceur*

:sée. Vous pouvez le suivre aussi bien u restaurant que chez vous. Ce régime ommence au petit déjeuner avec un demi-pamplemousse ou une orange, un œuf à la coque, une tranche de pain complet et du thé ou du café à volonté. Remplacez le sucre, si vous ne pouvez vous en passer, par un édulcorant et n'employez que du lait écrémé.

Aux repas de midi et du soir, vous pouvez manger autant de poisson que vous voulez : grillé, cuit à l'eau, à la vapeur ou en papillotes. Mangez aussi à volonté tous les légumes, rouges, verts ou jaunes, cuits sans graisse évidemment. Cela supprime pommes de terre, haricots secs, lentilles.

Comme dessert, un fruit, n'importe lequel sauf une banane. Si vous désirez absolument finir par une douceur, préparez avec ces fruits des coulis, des sorbets avec de l'édulcorant ou des mousses avec des blancs d'œufs en neige.

Comme boisson de l'eau ou de la tisane uniquement. Vous avez droit aussi aux fruits de mer et aux crustacés, huîtres, crabes... mais sans mayonnaise !

Défendus : les légumes crus — même la salade !

Recommandés : le jus de citron et le persil sur le poisson pour les vitamines. Si vous suivez ce régime une semaine par mois, vous perdrez progressivement quelques kilos, deux environ.

Si vous le faites une semaine sur deux, vous fondrez vraiment. Attention, ne le suivez pas plus longtemps sans consulter votre médecin traitant.

*minceur*

## FLAN DE POIREAUX
## FAÇON PÊCHEUR

### Pour 4 Personnes

- □ 800 g de poireaux
- □ 15 g de Maïzena
- □ 2 œufs
- □ 200 g de filets de cabillaud

- □ 1/2 litre de lait écrémé
- □ 10 g de beurre
- □ sel, poivre du moulin

■ Ôtez les premières feuilles des poireaux ainsi que les racines, ne gardez que les blancs ■ Fendez les tiges sur une bonne moitié, lavez-les soigneusement à l'eau courante ■ Dans 1/2 litre d'eau salée, cuisez-les 20 mn. Égouttez-les dans une passoire en gardant l'eau de cuisson ■ Pendant ce temps, dans un mélange, égal d'eau et de lait, cuisez le cabillaud 10 mn à feu très doux ; égouttez-le ■ Délayez la Maïzena dans 1/4 de litre de l'eau de cuisson refroidie des poireaux. Versez dans une casserole et cuisez 1 mn ■ Pressez les poireaux entre vos mains afin de retirer l'eau qui pourrait encore y rester et hachez-les ■ Battez les œufs à la fourchette ■ Mélangez le hachis de poireaux, le cabillaud émietté et les œufs battus avec la sauce. Poivrez ■ Beurrez un moule à flan anti-adhésif, remplissez-le de la préparation et posez le moule dans un bain-marie ■ Cuisez à four chaud (170°, th. 5) 50 mn.

*minceur*

# ESTOUFFADE ARC-EN-CIEL

## Pour 4 Personnes

- □ 4 truites
- □ 4 poireaux
- □ 350 g de céleri-rave
- □ 1 branche de thym
- □ 1 feuille de laurier
- □ 1 bouquet de persil
- □ 2 verres de vin blanc sec
- □ 4 cuil. à soupe de crème allégée
- □ 4 cuil. à café de paprika
- □ sel
- □ poivre

■ Lavez, épongez et hachez le persil. Épluchez et lavez les poireaux. Ne gardez que les blancs, coupez-les en fines rondelles. Pelez et râpez le céleri. Mélangez ces deux légumes. Lavez et épongez les truites ■ Dans un plat allant au four, mettez la moitié des légumes. Posez les truites par-dessus. Salez et poivrez. Ajoutez le thym et le laurier et saupoudrez de la moitié du persil ■ Recouvrez les truites avec le reste des légumes. Salez, poivrez et répartissez le reste de persil. Battez la crème à la fourchette en y incorporant le paprika et répartissez-la sur le dessus du plat. Versez le vin ■ Couvrez d'un papier d'aluminium et cuisez à four chaud (190°, th. 6) 25 mn ■ Servez dans le plat de cuisson.

## BROCHET
## EN ROBE SAFRANÉE

### Pour 4 Personnes

- ☐ 1 brochet de 1,200 kg
- ☐ 3 oignons
- ☐ 3 œufs
- ☐ 100 g de fromage blanc à 0 %
- ☐ 1 pincée de safran
- ☐ 1 morceau de racine de gingembre frais
- ☐ sel, poivre du moulin

■ Demandez à votre poissonnier d'écailler le brochet et de le vider par les ouïes afin de ne pas couper la peau du ventre ■ Fendez-le avec un couteau bien aiguisé tout le long du dos jusqu'à l'arête centrale que vous décollerez et retirerez en y laissant adhérer une partie de la chair ■ Lavez et essuyez intérieurement et extérieurement le brochet ■ Pelez les oignons, cuisez-les 5 mn à l'eau bouillante salée, égouttez-les ■ Cuisez 1 œuf, 10 mn à l'eau bouillante salée. Écalez-le ■ Retirez la chair qui adhère à l'arête du poisson, hachez-la avec l'œuf dur et les oignons. Cassez par-dessus les œufs crus, ajoutez le safran, salez, poivrez et mélangez ■ Remplissez le brochet de cette farce et recousez l'ouverture du dos. Cuisez-le 30 mn à la vapeur ■ Pendant ce temps, pelez le gingembre et râpez-le dans une petite casserole où vous ajouterez le fromage blanc et du sel. Réchauffez à feu très doux sans laisser prendre un bouillon ■ Servez le brochet débarrassé de sa peau et nappé de cette sauce.

*minceur*

## MERLANS DU QUARTIER-MAÎTRE

### Pour 4 Personnes

- □ 4 merlans
- □ 6 oignons
- □ 8 cerneaux de noix
- □ 150 g de champignons de Paris
- □ 1 verre de vin rosé
- □ 1 bouquet de cerfeuil
- □ 1 cuil. à soupe d'huile
- □ sel, poivre

■ Ciselez légèrement la peau des merlans, assaisonnez-les intérieurement et extérieurement de sel et de poivre ■ Pelez les oignons, coupez-les en fines rondelles. Coupez le bout du pied des champignons, lavez-les et essuyez-les soigneusement avant de les hacher grossièrement. Mixez les cerneaux de noix en poudre. Lavez, épongez et hachez le cerfeuil ■ Disposez les oignons en couche dans le fond d'un plat à four huilé ■ Posez les merlans par-dessus et saupoudrez-les du hachis de champignons et de poudre de noix. Versez dans le plat le vin et la même quantité d'eau ■ Cuisez à four chaud (210°, th. 7) 20 mn. Saupoudrez de cerfeuil à la sortie du four.

## PETITS POTS DE RAIE
## A LA MOUSSE ROSE

### Pour 4 Personnes

- □ 500 g de raie
- □ 1 jaune d'œuf
- □ 1 dl de lait écrémé
- □ 4 cuil. à soupe de crème allégée
- □ 300 g de betteraves cuites
- □ 250 g de fromage blanc à 0 %
- □ 15 g de Maïzena
- □ 1 cuil. à soupe d'huile
- □ sel, poivre du moulin

■ Ôtez la peau de la raie, retirez la chair des ailerons et hachez-la crue. Mélangez-la avec le jaune d'œuf, du sel et du poivre ■ Dans un saladier, mettez la Maïzena, délayez-la avec le lait froid avant d'ajouter la crème. Battez bien ces ingrédients à la fourchette puis incorporez-y le hachis de raie ■ Huilez légèrement des moules à flan à revêtement anti-adhésif, versez-y la préparation et cuisez à four chaud (190°, th. 6) 20 mn ■ Pendant ce temps, pelez les betteraves, mixez-les avec le fromage blanc, du sel et du poivre. Réchauffez cette mousse en veillant à ne pas atteindre l'ébullition ■ Démoulez les flancs sur un plat de service. Accompagnez d'une saucière contenant la mousse de betteraves.

*minceur*

## SOLE DE LA POMMERAIE

### Pour 4 Personnes

- □ 1 sole de 1 kg
- □ 3 pommes
- □ 1/2 litre de cidre brut
- □ 1 branche de thym
- □ 1 feuille de laurier
- □ 25 g de beurre
- □ sel, poivre

■ Dans une casserole, versez le cidre, ajoutez le beurre, le thym, le laurier, du sel et du poivre. Laissez bouillir à feu vif afin que la sauce réduise ■ Pendant ce temps, pelez les pommes. Ôtez le cœur et les pépins. Coupez-les en quartiers ■ Lavez et essuyez la sole, posez-la sur un plat allant au four et entourez-la des quartiers de pommes ■ Filtrez la sauce et versez-la dans le plat sur la sole ■ Cuisez-la à four chaud (210°, th. 7) 30 mn en l'arrosant plusieurs fois avec la sauce. Servez très chaud.

# PIGNADA DE VIVES

## Pour 4 Personnes

- 4 vives
- 8 filets d'anchois
- 20 g de pignons
- 8 belles feuilles de laitue

- 2 carottes
- 1 cuil. à café de cumin en poudre
- le jus de 2 citrons
- sel, poivre

■ Grattez les carottes, détaillez-les en fines lanières au couteau-économe. Saupoudrez-les de cumin et mettez-les à macérer 30 mn dans le jus de citron ■ Coupez les filets d'anchois en morceaux. Taillez avec des ciseaux les arêtes du dos des vives. Lavez-les, épongez-les ■ A l'aide d'un lardoir ou d'un couteau pointu, faites en profondeur, dans la chair des vives, des entailles où vous glisserez en alternance des morceaux d'anchois et des pignons. Salez et poivrez ■ Réunissez les feuilles de laitue deux par deux en les faisant se chevaucher. Disposez par-dessus les lanières de carottes puis les vives ■ Roulez chaque vive dans ses feuilles de laitue et ficelez bien ■ Cuisez à la vapeur 10 mn. Servez les vives débarrassées de leurs ficelles.

*minceur*

## COURGETTES FARCIES A LA PURÉE DE FENOUIL

### Pour 4 Personnes

- □ 2 bulbes de fenouil
- □ 1 belle tomate
- □ 4 courgettes moyennes
- □ 4 gousses d'ail
- □ 2 œufs
- □ 1 bouquet de persil
- □ sel
- □ poivre

■ Ôtez les feuilles dures et le trognon des fenouils. Lavez-les et coupez-les en deux. Cuisez-les à l'eau bouillante salée 30 mn, égouttez-les ■ Lavez et épongez le persil, épluchez l'ail. Pelez la tomate, coupez-la en deux et retirez les graines ■ Lavez les courgettes, coupez les queues et fendez-les en deux parties égales dans le sens de la longueur ■ Retirez une partie de la chair des courgettes avec une cuillère parisienne ■ Dans le bol d'un robot-mixeur, mettez cette chair avec la tomate, les fenouils, le persil, l'ail et les œufs. Salez et poivrez avant de mixer en purée ■ Remplissez les courgettes de cette préparation, reformez-les en mettant les deux moitiés qui se correspondent l'une sur l'autre ■ Enroulez chacune d'elle bien serrée dans du papier d'aluminium ■ Cuisez-les 20 mn à la vapeur.

# CLAFOUTIS DU VENDANGEUR

## Pour 4 Personnes

- □ 1/2 litre de lait écrémé
- □ 2 cuil. à café de Sucaryl liquide
- □ 3 œufs entiers + 1 blanc

- □ 20 g de Maïzena
- □ 300 g de raisins
- □ 10 g de beurre
- □ 1 cuil. à soupe de Canderel en poudre
- □ sel

■ Faites bouillir le lait avec le Sucaryl et une pincée de sel ■ Délayez la Maïzena avec 1 cuil. à soupe d'eau froide. Battez-la à la fourchette avec les œufs entiers et le blanc avant d'ajouter, petit à petit, le lait bouillant sans cesser de battre ■ Beurrez très légèrement un moule à revêtement anti-adhésif, versez-y la préparation ■ Lavez les raisins, épongez-les et égrenez-les. Répartissez-les sur le mélange ■ Cuisez à four chaud (170°, th. 5) 20 mn ■ Saupoudrez le dessus du clafoutis avec le Canderel en poudre ■ Ce gâteau peut se servir aussi bien tiède que froid.

*minceur*

# GLACE FRAGARIA

## Pour 4 Personnes

- □ 225 g de fraises
- □ 2 cuil. à soupe de Fjord
- □ 1 citron
- □ 2 blancs d'œufs
- □ 3 cuil. à soupe de Canderel en poudre

■ Mettez les fraises dans une passoire et lavez-les rapidement sous l'eau froide ■ Équeutez-les et mettez-les dans le bol du robot. Mixez-les ■ Pressez le citron, versez-le dans un saladier ainsi que la purée de fraises et mélangez. Ajoutez le Canderel ; remuez jusqu'à ce qu'il soit complètement fondu ■ Mettez la purée au freezer et décollez de temps en temps les paillettes qui adhèrent aux parois et au fond ■ Dès que la purée est totalement prise en paillettes, retirez du freezer afin d'y ajouter le Fjord ■ Battez les blancs en neige ferme ; incorporez-les délicatement. Mettez au freezer 4 h ■ Trempez rapidement le moule dans l'eau tiède avant de le retourner sur un plat et démoulez.

# POISSONS BONNES HERBES ET PLANTES FAVORABLES

**V**ous n'êtes pas de santé particulièrement fragile, mais la maladie et les remèdes exercent sur vous une étrange fascination.

**A**strologiquement parlant, vos points faibles sont les mains et surtout les pieds où l'on peut voir apparaître urticaire et rhumatismes. Mais, attention, ces troubles ne vont pas fatalement s'abattre sur vous, pas plus que les divers malaises auxquels les Poissons sont parfois sujets lorsqu'ils sont contrariés ou qu'ils doivent prendre une décision trop rapide.

Les plantes, vous aimez, n'est-ce pas ? Vous connaissez leur pouvoir et vous possédez de nombreux livres sur ce sujet. Vous savez donc qu'il faut les manier avec précaution, qu'elles peuvent parfois être très nocives et même très toxiques.

Mais il en est de nombreuses qui peuvent vous être bénéfiques.

*bonnes herbes et plantes favorables*

**V**os plantes fétiches : les algues. Essentiellement aquatiques, elles fabriquent elles-mêmes leur propre nourriture ; voilà qui devrait vous plaire.

Elles sont riches en sels minéraux (phosphore, potassium, chlore, magnésium, sodium, manganèse...) et en vitamines (A, B12, C, PP, E...). Elles peuvent aider à pallier certaines carences et à accroître les défenses de l'organisme.

Voici quelques algues que vous pourrez utiliser comme compléments alimentaires et que vous trouverez dans les magasins de produits diététiques ou asiatiques :

Le kombu *(laminaria japonica)*. Vendu séché en paquets de feuilles brunes coupées en morceaux, il est riche en vitamine C. Les Japonais le font parfois frire, mais on l'ajoute plus généralement au bouillon de poisson ou de légumes.

Le nori *(porphyra)* est vendu sous forme de feuilles très minces de couleur violacée. Grillé, il accompagne agréablement le riz et les légumes. Il est croquant et d'un goût agréable. Il est très riche en vitamine B12.

Le wakame *(undaria)* et l'arame *(eisenia arborea)* sont des « herbes marines » qui servent à faire des potages. Vous les trouverez séchées, en paquets.

Les spaghetti de mer *(himantalia elongata)* sont riches en sels minéraux. Ils se mangent en légumes et accompagnent les plats de viande, de poisson ou d'autres légumes.

La laitue de mer *(ulva lactica)*. On l'utilise dans la soupe ou en légume.

Le goémon frisé *(chondrus crispus)* se vend séché. Les Bretons et les Irlandais en sont grands consommateurs.

Les algues laminaires utilisées comme médicaments, *laminaria japonica* (kombu) et *laminaria saccharina* (goémon), sont de bons stimulants de la circulation, efficaces aussi en cas de déminéralisation, de convalescence, de surmenage. On les trouve en gélules, mais il est bon de consulter un médecin, car si leur forte teneur en iode peut être très utile, elle peut aussi provoquer des troubles de la thyroïde.

Outre vos plantes fétiches, bien particulières, d'autres peuvent vous aider. **Pour soulager les pieds douloureux :** faites infuser 10 mn, 200 g de fleurs de **lavande** dans 2 litres d'eau bouillante. Filtrez, versez dans une bassine et trempez-y les pieds. Vous pouvez aussi faire de l'huile de lavande en laissant macérer une poignée de feuilles dans 1/2 litre d'huile d'olive vierge pendant 24 heures. Filtrez et appliquez en compresse sur la partie douloureuse. Cette huile atténue les douleurs rhumatismales. Mais savez-vous que la lavande est aussi un somnifère ? Quelques brins sous l'oreiller font retrouver le sommeil fuyant ; c'est une recette de Madame de Sévigné.

Contre la « déprime » : faites un vin de **benoîte**. Prenez 60 g de racine séchée et laissez-la macérer une semaine dans un litre de très bon vin rouge. Passé ce temps, filtrez et mettez en bouteille. Bouchez et conservez à l'abri de la lumière. Prenez-en un verre à porto avant chacun des principaux repas. Vous pouvez aussi en faire une tisane à raison de 20 g de racine séchée en *bonnes herbes et plantes favorables*

poudre pour un litre d'eau bouillante. Laissez infuser 5 mn. Vous en prendrez deux tasses par jour entre les repas.

**P**our stimuler l'appétit : faites un vin d'**orange**. Voici la recette d'un apéritif dit « vin marquis ». Vous en ferez une certaine quantité que vous conserverez à l'abri de la lumière car, plus ce vin vieillit, meilleur il est. Prenez donc une bonbonne de 8 litres que vous puissiez boucher. Versez-y 5 litres de vin rouge de table mis en bouteilles à la propriété (il ne doit pas être trafiqué). Ajoutez-y une gousse de vanille, un litre d'alcool de fruits, 1 kg de sucre, 5 oranges douces et 5 oranges amères non traitées. Bouchez bien pour éviter que l'alcool ne s'évapore et laissez macérer au moins trois mois. Si vous l'oubliez, il n'en sera que meilleur. Passé ce temps, filtrez, mettez en bouteilles et bouchez. Un verre avant les repas vous ouvrira l'appétit.

**C**ontre les poussées d'urticaire : vous utiliserez des **orties**. Eh oui ! Cueillez des feuilles sans vous piquer et faites-en bouillir 100 g dans un litre d'eau 15 mn. Filtrez et prenez-en une tasse avant les principaux repas.

**P**our soigner les maux de gorge : faites des gargarismes avec la tisane suivante : prenez 25 g de fleurs de **bleuet**, laissez-les infuser 10 mn dans un litre d'eau bouillante. Filtrez et gargarisez-vous avec plusieurs fois par jour. Vous mettrez cette tisane en compresse sur vos yeux — on trouve en pharmacie de l'eau de bleuet pour baigner les yeux fatigués. Pour embellir vos cheveux blancs en leur donnant un reflet argenté, lavez-les toujours avec cette même tisane au bleuet.

**P**our lutter contre la contagion : afin d'éviter la grippe, en hiver, pensez au **pin**. Faites bouillir 100 g de bourgeons 30 mn dans deux litres d'eau. Filtrez et versez cette décoction dans votre bain. Un bain tous les deux jours, tant que durera l'épidémie, vous en préservera. Vous pouvez aussi mettre un peu de cette préparation dans les saturateurs de vos radiateurs.
**L'eucalyptus** peut être utilisé aux mêmes fins et cela de diverses manières. Pour des inhalations que vous ferez le soir avant de vous coucher, vous prendrez 30 g de feuilles que vous ferez bouillir 15 mn dans un litre d'eau. Surtout, évitez de sortir après.
Vous pouvez aussi versez cette odorante décoction dans l'eau de votre bain et dans les saturateurs des radiateurs. Tout en parfumant la maison, elle protégera toute la famille.

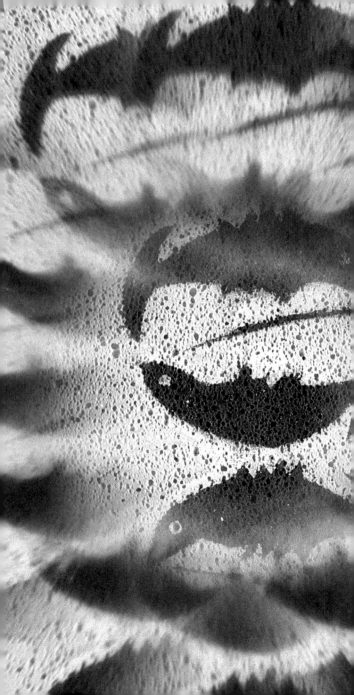

# PERSONNALITÉS

# POISSONS
# PERSONNALITÉS

**Au-delà de leur mystère, les grands Poissons de l'histoire ont découvert et inventé des mondes.**

Le navigateur Amerigo Vespucci donna son nom à l'Amérique ; Copernic, Le Verrier et Flammarion explorèrent les étoiles.

Des artistes comme Michel-Ange, Victor Hugo ou Renoir façonnèrent un univers auquel nous sommes toujours sensibles aujourd'hui.

Et puis il y a le merveilleux côté « jeux d'eaux » des Poissons avec Hændel, bien sûr, avec Chopin et Ravel et enfin Mallarmé, qui composa avec des mots la musique impalpable de ce signe.

**Stéphane Mallarmé** évoque la gourmandise de son enfance :
« J'aimais le sucre d'orge et les vers de Racine. Le plus fade des deux ? Devine si tu peux. »

**V**ictor Hugo avait, selon son ami Théophile Gauthier, une bien curieuse manière de consommer son déjeuner : « Il fait dans son assiette un fabuleux mélange de côtelettes, de haricots à l'huile, de bœuf à la sauce tomate, de jambon, de café au lait relevé d'un filet de vinaigre, d'un peu de moutarde et de fromage de Brie. »

Victor Hugo manifestement cultivait mieux l'art d'être grand-père que la gastronomie !

C'est lui pourtant qui a dit : « La vie est un mets qui n'agrée que par la sauce. » Ou : « Dieu a fait l'eau, mais l'homme a fait le vin. » Il s'est aussi intéressé à la symbolique de la pomme : « Dans la religion, la fable, l'histoire, la science, la pomme joue un rôle mystérieux et singulier.

Une pomme perd le genre humain.

Une pomme fait périr Troie.

Une pomme délivre la Suisse, une pomme révèle le monde à Newton. »

**M**iou-Miou, à un questionnaire de *Elle*, a donné des réponses qui définissent parfaitement son signe : « La liberté pour moi c'est fondamental... Je change suivant mes amours... J'aime toutes les saisons, intensément... Dans le 8ᵉ arrondissement, je suis comme un poisson dans l'eau... » Difficile de mieux dire ! Miou-Miou dit aussi qu'elle aime les briks à l'œuf et au thon qu'elle prépare pour elle et pour ses filles, le champagne, le vieux bourgogne, les restaurants indiens et qu'elle raffole du curry.

**J**ean-Edern Hallier. « Aimez-vous manger ?

— Oui, enfin je mange par faim plus que par goût, par un système de manque dans la régulation de mon corps, comme un chat qui mordille l'herbe, par besoin, en somme. Cela dit, j'aime manger dans la mesure où le repas est un des moments forts de la vie associative. Nous vivons dans une société où la convivialité se témoigne, pendant les repas, autour d'une table. Et j'aime cet échange, en fait, je me nourris non du plat, mais de l'autre.

— Qu'aimez-vous manger ?

— Le poisson, tous les poissons, à deux conditions : la fraîcheur : ils doivent être du jour — on les aura achetés le matin sur le port, ou je les aurai moi-même pêchés. La cuisson : elle doit être simple, le poisson sera grillé ou poché et je le dévorerai avec un filet de citron. Je déteste la cuisine sophistiquée, les présentations élaborées : la fraîcheur, la qualité se passent d'ornement. J'adore les fruits de mer, les clams, les bulots et les huîtres. Là aussi la fraîcheur est indispensable. Comme viande, j'aime le rumsteak, la selle d'agneau, la cervelle, les rognons, le ris de veau et le foie. J'adore le saucisson à l'ail. Pas de frites, à moins qu'elles ne soient grosses et belges. Je fais aussi des cures d'épinards pour la force et j'ai un faible pour les cœurs de salade... mais pas ceux d'artichaut (la barbe, c'est embêtant). Et je croque des oignons, j'aime les goûts forts, l'ail, la moutarde, les épices.
Je ressens un besoin physiologique d'épinards, d'ail, d'œuf, de caviar, de tarama, par exemple. Dans cette me-

sure, j'apprécie la viande crue, le poisson cru pour l'énergie. Et je rejette les sucres artificiels, pâtisseries, glaces, crèmes. Une belle pêche ou des framboises, mais pas de gâteau, jamais de gâteau.

— Et les boissons ?

— J'ai beaucoup bu jusqu'à trente ans, beaucoup, beaucoup, du whisky toute la journée. J'ai quitté le whisky pour le champagne, toujours beaucoup, et maintenant je bois trois vodkas par jour et de l'eau, beaucoup d'eau.

De temps en temps je fais la diète et je me saoule à l'eau. J'ai une intuition confuse de ce dont j'ai besoin et de ce qui me fait du mal. Par exemple, j'ai horreur du poulet aussi bien dans la rue qu'ailleurs. Finalement, je suis un homme très sain. »

**M**ontaigne, dans le portrait qu'il fait de lui-même, évoque sa gloutonnerie : « Les longues tables me fâchent et me nuisent, à faute de meilleure contenance, je mange autant que j'y suis... c'est indécence de manger goulument, comme je fais, je mords souvent ma langue, parfois mes doigts de hâte... J'en perds le loisir de parler, qui est un si doux assaisonnement des tables... » Et Montaigne refuse de s'imposer la contrainte d'un régime : « Sain et malade, je me suis volontiers laissé aller aux appétits qui me passaient. Je n'aime point guérir plus que la maladie. D'être sujet à la cholique et sujet à m'abstenir du plaisir de manger des huîtres, ce sont deux maux pour un... Puisqu'on est au hasard de se mécontenter, hasardons-nous plutôt à la suite du plaisir. »

*personnalités*

**R**aymond Queneau a une façon très personnelle de décrire le plat préféré des Français.

L'auteur de *Zazie dans le métro* n'hésite pas à écrire : « Le gigot avec dedans des gousses d'ail si grosses qu'on dirait des asticots cuits. Cette masse de bidoche s'accompagne de flageolets. »

**M**lle George, la célèbre tragédienne, recevait à souper après le théâtre. Alexandre Dumas raconte :

« On apportait dans une cuvette de la plus belle porcelaine, une eau parfumée avec laquelle elle se lavait les mains ; puis des truffes qui avaient déjà subi deux ou trois ablutions et autant de frottements et, dans une assiette à part, une petite fourchette de vermeil et un petit couteau à manche de nacre. Alors de sa main moulée sur l'antique, de ses doigts de marbre aux ongles roses, elle commençait à éplucher le plus adroitement du monde le tubercule noir qui était un ornement pour sa main, puis elle le coupait par feuillets minces, comme du papier, versait dessus du poivre ordinaire, quelques atomes de poivre de Cayenne, les imprégnait d'huile blanche de Lucques ou d'huile verte d'Aix et passait le saladier à un de ses serviteurs qui retournait la salade préparée par elle... »

**R**udolf Noureev a le regard voilé d'un Poissons. Il en a aussi bien évidemment la souplesse. Depuis des années, le grand danseur étoile a remplacé l'alcool par le thé dont il boit des quantités considérables et s'il a toujours un bon coup de fourchette pour le dîner — sa préférence va au poisson et aux laitages — il ne déjeune jamais, si ce n'est d'un Coca-Cola.

**J**acques Chaban-Delmas souhaite — et réussit — que tout, autour de lui, se passe dans le calme et l'harmonie. Pas évident pour un homme politique, mais le président de l'Assemblée nationale réussit, en bon Poissons, à éviter les écueils. Toujours en forme et sportif, le président mène une vie très stricte, « comme un boxeur à l'entraînement ». Il s'interdit presque tout : « En tout cas ce qui me conduirait vers 90 kg ». Il aime « la raie au beurre noir, et puis la viande rouge, le poisson maigre, les pommes de terre (sévèrement ration-nées), le fromage de brebis, les pêches et, bien sûr, le vin de Bordeaux », ville dont il est le maire comme le fut en son temps un Poissons illustre, Montaigne. Le président déteste les carottes sous toutes leurs formes, ne fait ni n'aimerait faire la cuisine et ne peut désigner le meilleur de ses très nombreux bons souvenirs gastronomiques.
Dans sa définition de la gourmandise, Jacques Chaban-Delmas laisse paraître une certaine nostalgie et ce que lui coûte sa volonté :
« La gourmandise, écrit-il, c'est le sup-plice de Tantale pour un gourmet à l'appétit excessif ! »

*personnalités*

**D**a Ponte, le librettiste du *Don Juan* de Mozart, était un homme d'esprit parfois assez cruel.

Il raconte dans ses *Mémoires* qu'il rencontra un jour un Américain qui lui dit qu'ayant vécu en Italie et étudié sa cuisine, il n'y avait de bon « que le fromage de Parme ou de Lodi et le bœuf mode ». Un Français présent ajouta en riant : « Avec une pointe d'ail ! » Da Ponte les invita alors à dîner chez lui. « A peine étions-nous assis qu'un serviteur découvrit un plat de macaronis abondamment fromagé, et qu'un autre présenta l'estouffade dont l'odeur d'ail aurait réveillé un mort.

A leur apparition, l'Américain s'écria : "Bravo, signor Da Ponte, voilà la meilleure chose d'Italie !" Comme je m'attendais à ce compliment, j'avais donné des instructions précises à mes domestiques. Rapide comme l'éclair, l'un d'eux enleva les plats de macaronis et de bœuf tandis que l'autre apportait à leur place deux énormes plats de maïs bouilli.

"Et voici, m'écriai-je, la meilleure chose d'Amérique ! Amusez-vous, Messieurs !" Les nez s'allongèrent, des soupirs se firent entendre, mais ni l'estouffade ni les macaronis ne reparurent sur la table. »

**A**lain Prost, s'il avait grandi, aurait été footballeur. Depuis l'âge de huit ans, le champion automobile s'entraînait dans des clubs pour passer professionnel ; il ne lui a manqué que quelques centimètres. Mais, foot ou formule 1, le régime forme est à peu près le même : crudités, poissons, laitages et beaucoup d'exercice.

**M**ichèle **Morgan** peut avoir les yeux bleus ou verts... Ils changent de couleur comme la mer et comme l'humeur d'une dame Poissons qui semble se laisser balancer par les vagues des joies et des peines, des plaisirs et des contrariétés.

La gourmandise pour elle, « c'est le plaisir ».

Elle aime manger dans un grand restaurant quand elle est « en bonne compagnie ». Michèle Morgan se souvient de la première fois où elle a dégusté une sole dans un restaurant. Elle avait seize ans. Cela reste son meilleur souvenir à table.

Maintenant, elle préfère les poissons crus marinés dans du citron et puis le mouton et le bœuf en sauce, tous les légumes, tous les fruits, les fromages doux, le médoc.

Elle adore les pommes de terre en robe des champs avec du beurre et du caviar, et raffole des entremets, surtout la crème de marron, la crème d'amande et les meringues.

Elle ne s'interdit rien, mais fait « attention à l'alcool » et déteste tout ce qui contient des oignons et des échalotes.

L'idée de confier l'une de ses recettes la fait sourire : « Je ne sais absolument rien faire à la cuisine ; malheureusement rien du tout, vraiment ! »

**C**harles Quint, comme d'autres grands rois dont François 1er, avait acheté une maison près d'Aï pour être sûr d'avoir du bon champagne. Il pensait, comme l'a écrit saint Evremond, que c'était « le vin le plus naturel, le plus épuré, le plus sain et le plus exquis par le goût de pêche qui lui est particulier ».

**P**aul Morand, le romancier le plus cosmopolite d'entre les deux guerres, promenant son ironie désabusée sur ses compatriotes a dit : « L'apéritif, c'est la prière des Français ! »

**S**acha Guitry, dans sa pièce *l'Amour masqué*, donne une recette soi-disant birmane : les écrevisses à la fraise. C'est aussi Sacha Guitry qui a dit joliment : « La plupart des repas ne sont que des prétextes, aussitôt qu'on est plus de deux. »

*personnalités*

**R**ossini était un très bon cuisinier amateur. Un des plats qu'il préparait était particulièrement apprécié de ses invités.

Il s'agissait de macaronis bien dorés d'une saveur incomparable, mais il gardait le secret de sa recette que l'on ne découvrit qu'après sa mort. Lorsque ses macaronis étaient cuits, il les égouttait et les laissait un peu refroidir. Pendant ce temps, il ramollissait du foie gras et l'écrasait bien.

Ensuite, à l'aide d'une seringue en argent qu'il s'était fait faire spécialement, il en remplissait ses macaronis un à un, les remettait sur le feu avec du beurre, du parmesan et du gruyère, et il les assaisonnait.

Richard Wagner, qui n'appréciait pas la musique de Rossini et devait avoir entendu parler de ses prouesses culinaires, le qualifiait de « gros épicurien farci de mortadelle ».

Rossini était amateur de café, mais il n'en abusait que pour travailler. « C'est l'affaire de quinze jours, disait-il, le temps d'écrire un opéra... »

**C**harles **VII** goûtait fort le pain d'épice. Sa favorite, Agnès Sorel, la fameuse Dame de Beauté, partageait son goût. On a chuchoté à la suite de sa mort subite qu'elle en avait mangé une tranche empoisonnée par le dauphin, futur Louis XI, jaloux de l'influence qu'elle avait sur le roi, son père. Aussi, pendant plus de deux siècles, le pain d'épice passa de mode à la cour.

*personnalités*

**C**ourrèges a rêvé une femme et il a réussi à la créer. Les formes géométriques, les couleurs pures de ce grand couturier n'étonnent plus : elles sont dans la rue, adaptées, assimilées. Lui-même continue avec rigueur puisque : « Je ne peux faire que ce que j'aime... j'ai besoin de ma propre harmonie. » Levé à l'aube, sportif, superactif, ce Poissons bon vivant est plus enclin à déguster qu'à se mettre aux fourneaux.

Son plat préféré ? La mousse au chocolat et puis le boudin noir, le turbot, les pommes de terre en robe des champs, le fromage de brebis (de montagne, très sec et très dur) et bien sûr la pomme ! Comme vin, le Linch Bages, comme apéritif, un Jack Daniel. Un choix très judicieux, malheureusement André Courrèges s'interdit le chocolat et le fromage (on espère que ce n'est pas tous les jours !)

Ce qu'il déteste : les carottes à la vapeur ; son meilleur souvenir à table : « Le moment où je vais à la cuisine lécher ou gratter les plats.» C'est chez lui, bien sûr, qu'il préfère manger et pour sa fille, Clafoutis, il confectionne un dessert délicieux et « inratable » dont il donne la recette avec toutes les précisions utiles à des cuisiniers peu expérimentés.

# LE CROUSTI AUX POMMES DE COURRÈGES

Placez dans un moule beurré 4 tasses de pommes coupées en tranches fines et régulières. Puis ajoutez sur les pommes ce mélange : 1 cuil. à café de cannelle, 1/2 cuil. à café de sel et 1/4 de tasse d'eau. Par-dessus ajoutez encore un mélange de : 3/4 de tasse de farine tamisée, 1 tasse de sucre (roux de préférence), 1/3 de tasse de beurre mou, qui se fait à froid.

Saupoudrez votre plat d'un peu de cannelle puis mettez-le dans un four préchauffé à 170° pendant environ 40 mn. Servez tiède avec de la crème.

*personnalités*

**P**lastic Bertrand — quinze millions de disques depuis *Ça plane pour moi* et *Sentimentale-moi* — est un curieux phénomène de métamorphoses quasi aquatiques. Avec une faculté d'adaptation étonnante — mais bien dans la ligne Poissons —, le petit punk bruxellois est devenu un grand jeune homme au look de P.D.G. décontracté. Il habite près de Paris avec sa femme, ses deux fils et sa collection de belles américaines — des voitures des années 50 pour lesquelles il a eu « un coup de cœur ». Pour Plastic Bertrand, la gourmandise c'est « l'art de sublimer un besoin vital ». Son plat préféré ? « Celui où la simplicité n'est pas la banalité. » Son plat détesté : « Celui dont la prétention est la seule qualité. » Il aime « comme viande le brocard, les poissons crus à la japonaise, les champignons sauvages, le fromage de brebis, la pomme et le champagne ».

Une seule interdiction : « Déjeuner seul. »

Il fait la cuisine « pour les gens que j'aime » et donne comme un vrai chef avec précision une recette raffinée et inattendue.

*personnalités*

# LES COQUILLES SAINT-JACQUES A LA CRÈME DE POTIRON DE PLASTIC BERTRAND

## Pour 4 Personnes

- □ la noix et le corail de 16 coquilles Saint-Jacques
- □ 1 kg de potiron
- □ 2 carottes
- □ 1 échalote
- □ basilic frais
- □ 250 g de crème fraîche
- □ 30 cl de fond de veau
- □ 150 g de beurre
- □ sel
- □ poivre

Préparez la crème de potiron : nettoyez le potiron et coupez-le en cubes. Dans 50 g de beurre, blondir l'échalote hachée. Ajoutez 2 carottes émincées, le potiron et le fond de veau. Couvrir. Laissez cuire à feu moyen 15 minutes. Passez au mixeur pour obtenir une crème onctueuse. Ajoutez la crème fraîche.

Préparez les coquilles : salez et poivrez la noix et le corail. Faites cuire dans une poêle beurrée 1 minute de chaque côté. Pour servir : nappez des assiettes chaudes de crème de potiron, puis disposer les coquilles. Garnissez de basilic.

### 18 FÉVRIER

André Breton, 1896. — Marcel Landowski, 1915. — Milos Forman, 1932. — John Travolta, 1954. — Matt Dillon, 1964.

### 19 FÉVRIER

Copernic, 1473. — J. Antoine de Baïf, 1532. — Boccherini, 1743. — Adelina Patti, 1843. — Louis Feuillade, 1874. — Jacques Dufilho, 1914. — Lee Marvin, 1924. — Rika Zaraï, 1940.

### 20 FÉVRIER

Ramakrishna, 1836. — Georges Bernanos, 1888. — Hubert de Givenchy, 1927. — Claude Miller, 1942. — Carlos, 1943.

### 21 FÉVRIER

Léo Delibes, 1836. — Brancusi, 1876. — Sacha Guitry, 1885. — Madeleine Renaud, 1900. — Anaïs Nin, 1903. — Raymond Queneau, 1903.

### 22 FÉVRIER

Georges Washington, 1732. — Schopenhauer, 1788. — Chopin, 1810. — Robert Baden Powell, 1857. — Jules Renard, 1864. — Luis Bunuel, 1900. — Bokassa, 1921. — Giulietta Massina, 1920. — Pierre Juquin, 1930. — Ted Kennedy, 1932. — Miou-Miou, 1950.

### 23 FÉVRIER

Samuel Pepys, 1632. — Hændel, 1685. — Baron de Rothschild, 1743. — Mademoiselle Georges, 1787. — Éric Kästner, 1899. — Prince Louis Napoléon, 1914. — Claude Sautet, 1924. — Régine Crespin, 1927. — Jacques Séguéla, 1934.

### 24 FÉVRIER

Ibn Batouta, 1304. — Pic de la Mirandole, 1463. — Charles-Quint, 1500. — V. Voiture, 1598. — W. Grimm, 1786. — Robert André Vivien, 1923. — Michel Legrand, 1932. — Emmanuelle Riva, 1932. — Bettino Craxi, 1934. — Guy Perillat, 1940. — Alain Prost, 1955. — Plastic Bertrand, 1958.

### 25 FÉVRIER

Goldoni, 1707. — Auguste Renoir, 1841. — Caruso, 1873. — Lord Mountbatten, 1900. — Valérie Lagrange, 1942.

### 26 FÉVRIER

Victor Hugo, 1802. — H. Daumier, 1810. — Camille Flammarion, 1842. — Buffalo Bill, 1846. — Konstantinovna Kroupskaïa, 1869. — Arago, 1876. — Vercors, 1902. — Paul Newman, 1925.

### 27 FÉVRIER

P. Mounet-Sully, 1841. — J. Steinbeck, 1902. — Joan Bennett, 1910. — Jacques Charon, 1920. — Elisabeth Taylor, 1932. — Pascale Petit, 1938.

### 28 FÉVRIER

Montaigne, 1533. — Rachel, 1820. — Ernest Renan, 1823. — Abbé Breuil, 1877. — Nijinski, 1890. — Marcel Pagnol, 1895. — Clara Petacci, 1912. — Vincente Minnelli, 1913. — Jeanne Mas, 1958.

### 29 FÉVRIER

Rossini, 1792. — Michèle Morgan, 1920.

### 1ᵉʳ MARS

Kokoschka, 1886. — David Niven, 1909. — Itzhak Rabin, 1922. — Jean-Edern Hallier, 1936. — Manuel Amoros, 1962.

### 2 MARS

Camille Desmoulins, 1760. — Smetana, 1824. — Pie XII, 1876. — Kurt Weill, 1900. — Claude Rich, 1929. — Mikhaïl Gorbatchev, 1931.

### 3 MARS

G.M. Pullman, 1831. — Graham Belle, 1847. — Alain, 1868. — Jean Harlow, 1911. — Maurice Biraud, 1922.

### 4 MARS

Vivaldi, 1678. — Léon-Paul Fargues, 1876. — Georges Dumézil, 1898. — Jean Lecanuet, 1920. — Jim Clark, 1936. — Nicole Calfan, 1947.

### 5 MARS

Rosa Luxembourg, 1870. — Villa Lobos, 1887. — C. Nungesser, 1892. — Spencer Tracy, 1900. — Rex Harrisson, 1908. — P. P. Pasolini, 1922. — Jean-Paul Escande, 1939.

### 6 MARS

Michel-Ange, 1475. — Cyrano de Bergerac, 1619. — E. B. Browning, 1812. — Oscar Straus, 1878. — Paul Géraldy, 1885. — Henri Jeanson, 1902. — Andrzej Wajda, 1926. — Marie-France Garaud, 1934. — Marielle Labèque, 1952.

### 7 MARS

Nicéphore Niepce, 1765. — Mondrian, 1872. — Maurice Ravel, 1875. — Léo Malet, 1909. — Jacques Chaban-Delmas, 1915. — Philippe Clay, 1927. — Lord Snowdon, 1930. — Mady Mesplé, 1931. — Ivan Lendl, 1960.

### 8 MARS

Cyd Charisse, 1924.

### 9 MARS

Amerigo Vespucci, 1454. — Mirabeau, 1749. — O. Perrier, 1901. — Mircéa Eliade, 1907. — André Courrèges, 1923. — Marie Cardinal, 1926. — Youri Gagarine, 1934. — Jean-Pierre Chevènement, 1939. — Ornella Mutti, 1955.

### 10 MARS

Da Ponte, 1749. — Alexandre III de Russie, 1845. — Jacob Wassermann, 1873. — Arthur Honegger, 1892. — Boris Vian, 1920. — Florence d'Harcourt, 1929.

### *11 MARS*

Le Tasse, 1544. – Urbain Le Verrier, 1811. – Salvador Dali, 1904. – Harold Wilson, 1916. – Roger Coggio, 1934. – Brigitte Fossey, 1947. – Dominique Sanda, 1951.

### *12 MARS*

Le Nôtre, 1613. – D'Annunzio, 1863. – Louison Bobet, 1925. – Liza Minnelli, 1946. – Patrick Battiston, 1957.

### *13 MARS*

Paul Morand, 1888. – Henry Hathaway, 1898. – Didier Decoin, 1947.

### *14 MARS*

Telemann, 1681. – Johann Strauss père, 1804. – Théodore de Banville, 1823. – Einstein, 1889. – Robert Aron, 1905. – Maurice Merleau-Ponty, 1908. – A. Pieyre de Mandiargues, 1909. – Philippe Lemaire, 1927. – Mickael Caine, 1933. – Bertrand Blier, 1939. – Yves Boisset, 1939. – Albert de Monaco, 1958. – Bruno Bellone, 1962.

### *15 MARS*

Jules Moch, 1893. – Christian Marquand, 1927. – Philippe de Broca, 1933. – Jacques Doillon, 1944. – Isabelle Huppert, 1953.

### *16 MARS*

Rosa Bonheur, 1822. – Sully Prudhomme, 1839. – Jerry Lewis, 1926. – Bernardo Bertolucci, 1941.

### *17 MARS*

Madame Roland, 1754. – G. Daimler, 1834. – Nat King Cole, 1919. – Rudolf Noureev, 1938.

### *18 MARS*

Comtesse de La Fayette, 1634. – Xavier de Montépin, 1824. – Mallarmé, 1842. – Rimski-Korsakov, 1844. – R. Diesel, 1858. – Jérome Tharaud, 1874. – Henri Decoin, 1896. – Comte Ciano, 1903. – René Clément, 1913. – Jack Palance, 1920. – Jean Richard, 1921. – Arlette Laguiller, 1940.

### *19 MARS*

Livingstone, 1813. – Maria Vetsera, 1870. – Diaghilev, 1872. – Joé Bousquet, 1897. – F. Joliot-Curie, 1900. – Eichmann, 1906. – Ursula Andress, 1937.

### *20 MARS*

Ovide, 43 av. J.-C. – Höderlin, 1770. – L'Aiglon, 1811. – H. Ibsen, 1828. – Frederick Taylor, 1856. – Pierre Messmer, 1916.

### *21 MARS*

Jean-Sébastien Bach, 1685. – Modeste Moussorgski, 1839. – Pierre Renoir, 1885. – Françoise Dorléac, 1942. – Marie-Christine Barrault, 1944. – Christophe Malavoy, 1952.

# Aliments/calories

○ Exceptionnellement
□ *Modérément*
△ Souvent
☆ *Indifférent*

| ALIMENTS (100 g) | CALORIES |
|---|---|
| △ **Abricots** | 45 |
| **Secs** | 272 |
| △ **Agneau** | |
| **Côtelettes** | 330 |
| **Gigot** | 250 |
| △ **Ail** | 138 |
| ☆ *Alcool* | 700 |
| △ **Amandes** | 634 |
| △ **Ananas** | |
| *Frais* | 51 |
| *Conserve* | 96 |
| ○ **Andouillette** | 320 |
| △ **Aneth** | 0 |
| △ **Artichaut** | 40 |
| △ **Asperge** | 26 |
| ☆ *Aubergine* | 29 |
| △ **Avocat** | 200 |
| △ **Avoine (flocons)** | 367 |
| | |
| ☆ *Bacon* | 385 |
| ☆ *Badiane* | 0 |
| ☆ *Banane* | 90 |
| ☆ *Basilic* | 0 |
| △ **Bette ou blette** | 33 |
| △ **Betterave rouge** | 40 |
| □ *Beurre* | 760 |
| □ *Beurre allégé* | 410 |
| ☆ *Beurre de cacao* | 886 |
| □ *Bière (1 canette)* | 132-155 |
| □ *Biscottes* | 390 |
| △ **Bœuf** | |
| **Macreuse** | 242 |
| **Rosbif** | 160 |

| ALIMENTS (100 g) | CALORIES |
|---|---|
| ○ Boudin blanc | 300-350 |
| ○ Boudin noir | 400-480 |
| ○ Brioche | 386 |
| △ **Brocolis** | 34 |
| | |
| △ **Cacahuètes** | 600 |
| △ **Cacao en poudre** | 325 |
| ☆ *Café* | 0 |
| ☆ *Caille* | 115 |
| ☆ *Calmar* | 89 |
| ☆ *Camomille* | 0 |
| ☆ *Canard* | 170-300 |
| ☆ *Cannelle* | 0 |
| □ *Cary ou curry* | 0 |
| △ **Carotte** | 38 |
| ☆ *Carvi* | 0 |
| ☆ *Cassis* | 60 |
| △ **Caviar** | 250-300 |
| □ *Cayenne (poivre)* | 0 |
| △ **Céleri-rave** | 44 |
| ☆ *Cerfeuil* | 0 |
| △ **Cerises** | 77 |
| □ *Cervelle* | 125 |
| ○ Chair à saucisse | 422 |
| ☆ *Champagne* | |
| *Doux* | 120 |
| *Brut* | 85 |
| ☆ *Champignons* | 28 |
| ☆ *Chapelure* | 382 |
| □ *Châtaignes* | 211 |
| ☆ *Cheval* | 110 |
| △ **Chevreau** | 160 |
| □ *Chocolat* | 600 |

| ALIMENTS (100 g) | CALORIES | ALIMENTS (100 g) | CALORIES |
|---|---|---|---|
| △ Chou | 28 | ☆ Fraises | 36 |
| △ Choux de | | ☆ Framboises | 40 |
| Bruxelles | 54 | △ Fromages | 270-400 |
| △ Chou-fleur | 30 | ☆ Fromage blanc | |
| △ Choucroute | 27 | à 0 % | 44 |
| △ Ciboulette | 0 | à 20 % | 80 |
| ☆ Cidre | 40 | à 40 % | 116 |
| ☆ Citron | 40 | ☆ Fruits confits | 380 |
| ☆ Clémentines | 40 | | |
| ☆ Clous de girofle | 0 | ○ Gibier | 100-115 |
| ☆ Cœur de palmier | 56 | △ Gingembre | 61 |
| ☆ Coing | 32 | ☆ Girofle (clous) | 0 |
| △ Concombre | 13 | ☆ Goyave | 52 |
| ○ Confitures | 280 | ☆ Grenade | 64 |
| △ Coquillages | 47-78 | ☆ Grenouille | |
| △ Coriandre | 275 | (cuisses) | 72 |
| △ Corn-flakes | 385 | ☆ Groseilles | 30 |
| △ Courgette | 30 | | |
| △ Couscous | 575 | △ Haricots verts | 40 |
| ☆ Crème fraîche | 300 | Secs | 330 |
| △ Cresson | 20 | △ Huiles | |
| □ Crustacés | 98 | Olive | 900 |
| ☆ Cumin | 0 | Arachide | 900 |
| | | Tournesol | 900 |
| ☆ Dattes | 306 | Maïs | 900 |
| △ Dinde (blancs) | 160 | Noix | 900 |
| | | △ Huîtres | 80 |
| ☆ Échalotes | 75 | | |
| △ Endives | 20 | △ Jambon | |
| △ Épinards | 25 | Cru | 330 |
| ☆ Escargots | 67 | Cuit | 290 |
| △ Estragon | 0 | | |
| | | ☆ Kaki | 63 |
| ☆ Farines | 360 | ☆ Ketchup | 110 |
| △ Fenouil | 20 | ☆ Kiwi | 53 |
| ☆ Fève | 117 | | |
| ☆ Figues | | △ Lait | |
| Fraîches | 80 | Écrémé | 34 |
| Sèches | 270 | Entier | 65 |
| □ Flageolets | 120 | □ Langue | 200 |
| □ Foie | 133 | △ Lapin | 160 |
| □ Foie gras | 468 | ○ Lard | 575 |
| | | Fumé | 670 |

126

| ALIMENTS (100 g) | CALORIES |
|---|---|
| ☆ Laurier | 0 |
| ☆ Lentilles | 344 |
| ☆ Levure de Bière | 350 |
| ☆ Litchis | 354 |
|  |  |
| ☆ Maïs | 356 |
| ☆ Mandarine | 40 |
| △ Mangue | 62 |
| ☆ Margarines | 755 |
| △ Marjolaine | 0 |
| ☆ Mayonnaise | 718 |
| ☆ Melon | 31 |
| △ Menthe (feuilles) | 0 |
| □ Miel | 312 |
| ○ Moelle | 605 |
| ☆ Moutarde | 97 |
| △ Mouton |  |
|     Côtes | 300 |
|     Gigot | 250 |
| ☆ Mûres | 57 |
| ☆ Myrtilles | 16 |
|  |  |
| ☆ Navet | 35 |
| △ Noisettes | 656 |
| △ Noix | 660 |
| △ Noix de coco | 371 |
| ☆ Noix de muscade | 0 |
| □ Nuoc-mâm (1 cuil. à café) | 5 |
|  |  |
| △ Œufs de poissons | 225-300 |
| △ Œuf (unité) | 80 |
|     Jaune | 60 |
|     Blanc | 20 |
| □ Oie | 350 |
| △ Oignons | 46 |
| △ Olives |  |
|     Vertes | 123 |
|     Noires | 360 |
| △ Orange | 40 |
| △ Orge perlé | 356 |
| △ Ortie | 57 |

| ALIMENTS (100 g) | CALORIES |
|---|---|
| △ Oseille | 25 |
| □ Oursins | 95 |
|  |  |
| ○ Pain blanc | 255 |
| △ Pain complet | 230 |
| △ Pain de seigle | 241 |
| □ Pain de son | 257 |
| △ Pamplemousse | 40 |
| ☆ Papaye | 44 |
| ☆ Paprika | 0 |
| ☆ Pastèque | 30 |
| △ Patate douce | 110 |
| △ Pâtes | 90 |
| △ Pêche | 47 |
| △ Persil | 0 |
| △ Petits pois | 70 |
| △ Pigeon | 108 |
| ☆ Pignons | 670 |
| △ Pilpil de blé | 342 |
| □ Piment | 0 |
| ☆ Pintade | 108 |
| △ Pissenlit | 48 |
| ☆ Pistaches | 646 |
| ☆ Poire | 61 |
| △ Poireau | 42 |
| ☆ Pois cassés | 356 |
| ☆ Pois chiche | 330 |
| △ Poissons |  |
|     Gras | 150-225 |
|     Demi-gras | 110-130 |
|     Maigres | 65-90 |
|     Fumés | 225-305 |
|     Séchés | 320 |
| □ Poivre | 0 |
| ☆ Poivron | 22 |
| △ Pomme | 52 |
| △ Pomme de terre | 90 |
| ○ Pommes chips | 560 |
| ○ Pommes frites | 300-400 |
| △ Porc | 300 |
|     Côtes | 330 |
|     Échine | 302 |

| ALIMENTS (100 g) | CALORIES |
|---|---|
| ☆ *Porto* | 160 |
| △ **Potiron** | 30 |
| △ **Poule** | 300 |
| △ **Poulet** | 150 |
| ☆ *Pousses de bambou* | 35 |
| ☆ *Prunes* | 56 |
| ☆ *Pruneaux* | 290 |
| | |
| △ **Radis** | 30 |
| △ **Raifort** | 62 |
| △ **Raisin** | 81 |
| ☆ *Raisins secs* | 324 |
| ☆ *Rhubarbe* | 16 |
| O Rillettes | 480-600 |
| △ **Riz** | 90 |
| □ *Rognons* | 120 |
| △ **Romarin** | 0 |
| | |
| ☆ *Safran* | 0 |
| O Saindoux | 850 |
| △ **Salades vertes** | 18 |
| ☆ *Salsifis* | 77 |
| △ **Sarriette** | 0 |
| △ **Sauge** | 0 |
| △ **Serpolet** | 0 |
| ☆ *Soja (sauce)* | 0 |
| **Germe** | 57 |
| □ *Sucre* | 400 |
| *Roux* | 400 |
| | |
| ☆ *Tabasco* | 0 |
| ☆ *Tapioca* | 350 |
| ☆ *Thé* | 0 |
| ☆ *Thym* | 0 |
| ☆ *Tilleul* | 0 |
| □ *Tomate* | 22 |
| △ **Topinambour** | 78 |
| | |
| ☆ *Vanille* | 0 |

| ALIMENTS (100 g) | CALORIES |
|---|---|
| △ **Veau** | 170 |
| *Foie* | 137 |
| *Langue* | 171 |
| **Noix** | 160 |
| *Ris* | 116 |
| *Tête* | 210 |
| ☆ *Verveine* | 0 |
| ☆ *Vin blanc à 10°* | 72 |
| ☆ *Vin rouge à 10°* | 56 |
| □ *Vinaigre* | 0 |
| | |
| ☆ *Yaourt à 0 % (unité)* | 44 |
| ☆ *Yaourt nature (unité)* | 55 |
| ☆ *Yaourt aux fruits* | 100 |